# KLEINSÄUGER IM TERRARIUM

## BIOLOGIE · HALTUNG · ZUCHT

### Christian Ehrlich

147 Fotos
2 Grafiken

NTV
Kleinsäuger

Titelbild: Vierzehen-Pferdespringer (*Allactaga tetradactyla*)
    Langohrigel (*Hemiechinus auritus*)
    Kurzohr-Rüsselspringer (*Macroscelides proboscideus*)
Hintergrund: Fell eines Sugar Gliders (*Petaurus breviceps*)
Fotos und Grafiken ohne Quellenangabe vom Autor

**ISBN 3-931587-79-7**

© 2003 Natur und Tier - Verlag GmbH
An der Kleimannbrücke 39/41
48157 Münster
Tel.: 0251-13339-0, Fax: 0251-13339-33
E-Mail: verlag@ms-verlag.de
Home: www.ms-verlag.de
Geschäftsführung: Matthias Schmidt
Layout: Nick Nadolny
Lektorat: Kriton Kunz & Heiko Werning
Druck: Remarks-R, Riga

# INHALTSVERZEICHNIS

# VORWORT

Ein Buch über die Haltung von Kleinsäugern im Terrarium war längst überfällig. Immer größer wird die Zahl derer, die mit der „Kleinsäuger-Terraristik" beginnen, ohne dass verlässliche Informationen in Buchform auf dem deutschen Markt erhältlich gewesen wären. Neueinsteiger waren bisher also immer ausschließlich auf die Tipps und Tricks der wenigen erfahrenen Halter oder englischsprachige Wissenschaftsliteratur angewiesen. Ich hoffe, diese Lücke mit dem vorliegenden Buch zu schließen und eine gute Informationsquelle für Anfänger und Fortgeschrittene zu schaffen, sodass bei der Haltung der faszinierenden Kleinsäuger weniger Fehler vorkommen und Sie Ihre Tiere erfolgreich pflegen und vermehren können.

Die Angaben in diesem Buch beruhen nicht nur auf eigenen Haltungserfahrungen: Viele Gespräche mit anderen Haltern in Deutschland, dem restlichen Europa und den USA sowie die Ergebnisse der Recherche in deutscher und englischsprachiger Literatur sind eingeflossen, um möglichst viele Informationen zu den vorgestellten Arten zusammenzutragen, auch wenn sie angesichts des Umfangs dieses Buches nicht in dem Maß komplett sein können, wie ich mir das gewünscht hätte. Es bleibt zu hoffen, dass in der Euphorie des „neuen Hobbys" Kleinsäugerhaltung nicht die begleitende Literatur vergessen wird und in Zukunft auch ausführliche Monographien seltener gehaltener Arten auf dem Markt erscheinen werden. Ich verstehe dieses Buch als eine Art Einleitung, mit der ich Hunger auf mehr machen will!

Neben der kurzen Beschreibung der allgemeinen Biologie der später aufgeführten Tierarten liegt ein weiterer Schwerpunkt des Buches auf der Bauweise von Terrarien, die für die Haltung von Kleinsäugern geeignet sind, sowie auf ihrer Einrichtung. Das Kernstück des Buches bildet aber natürlich der Artenteil, in dem die derzeit am häufigsten gepflegten Kleinsäuger (die sich für die Terrarienhaltung eignen) und ihre Ansprüche kurz vorgestellt werden.

Insgesamt legte ich besonders großen Wert auf die ausführliche Darstellung der Grundsätze der Kleinsäuger-Haltung. Speziellere Themen wie Biologie, Systematik und Krankheiten konnten nur angeschnitten werden; für eine ausführliche Behandlung fehlte leider der Platz.

Nicht zuletzt möchte ich natürlich mit diesem Buch die große Faszination, die das Hobby „Kleinsäuger" seit Jahren auf mich ausübt, an weitere Interessierte weitergeben. Es ist wirklich erstaunlich, wie sehr man von Nager, Insektenfresser & Co. in ihren Bann gezogen werden kann: Durch ihre interessanten Verhaltensweisen, geglückte Nachzuchten oder einfach nur ihr niedliches Äußeres... Aber lesen Sie selbst!

*Greven, im Frühjahr 2003*
*Christian Ehrlich*

# EINLEITUNG

## WAS IST EIN KLEINSÄUGER?

Der Begriff „Kleinsäuger" hat keinen zoologischen Hintergrund, es gibt also keine Ordnung oder Familie, die diesen Namen trägt. Somit ist die Unterteilung der Säugetiere (Mammalia) in die Gruppen Kleinsäuger und Großsäuger völlig willkürlich. Eine allgemeingültige Definition, die besagt, wann ein Säugetier noch „klein" ist und wann nicht mehr, gibt es nicht. Häufig geben Tierpfleger „Kniehöhe" als Kriterium an, bei dessen Unterschreiten es sich um einen Kleinsäuger handelt. Einige Halter prägten dagegen die Vorstellung, dass alle befellten Tiere, die kleiner sind als sie selbst, als Kleinsäuger gelten. Am häufigsten aber wird ein Kleinsäuger durch die Möglichkeit zur Haltung im oder am Haus definiert. Somit gehören auch Stachelschweine, Eichhörnchen oder Maras theoretisch zu den Kleinsäugern.

Die Unterteilung der Säugetier-Klasse in „groß" und „klein" entstand ursprünglich wahrscheinlich bei Veterinären und Mitarbeitern der Zoos in Europa und Nordamerika. Erst vor einigen Jahren gelangte der Begriff „Kleinsäuger" zusammen mit exoti-schen Säugern auch in die Kreise von Privathaltern und gilt heute für domestizierte Tiere und Wildformen gleichermaßen.

Ob der Begriff im englischen oder deutschen Sprachgebrauch zuerst auftauchte, ist nicht mehr nachzuvollziehen, jedoch fällt auf, dass „small mammals" in Amerika ein viel benutzter Begriff für alle kleinen Säugetiere ist, auch für domestizierte Formen wie das Hausmeerschweinchen (*Cavia aparea* f. *porcellus*). In Deutschland tauchte der Begriff 1978 bei der Interessengemeinschaft „Kleinsäuger" zoologischer Einrichtungen auf und etablierte sich danach in den deutschen Zoos und Tierparks. Zu dieser Zeit schien das Interesse an Kleinsäugern zu wachsen – ein Trend, der bis heute anhält. Inzwischen gehören kleine Säugetiere zum Bild fast jedes Zoos, und auch immer mehr Wohnzimmer schmückt ein Kleinsäuger-Terrarium.

Durch die heutigen technischen Möglichkeiten sind der Haltung von Kleinsäugern im eigenen Haus oder Garten kaum noch Grenzen gesetzt. Ohne Probleme – vom Finanziellen einmal abgesehen – lassen sich auch Gehege

„Typischer" Kleinsäuger: Goldstachelmaus (*Acomys russatus russatus*)

„Untypischer" Kleinsäuger: Goldrücken-Aguti (*Dasyprocta aguti*)

nicht im Terrarium gepflegt werden können. Schwarz-schwanz-Präriehunde (*Cynomys ludovicianus*) beispielsweise erfreuen sich wachsender Begeisterung unter privaten Kleinsäuger-Haltern. Diese zwergkaninchengroßen Erdhörnchen sollte man in einer Freianlage im Garten oder, wenn sie zahm sind, in einem offenen oder vergitterten Gehege im Haus halten. Um zahm zu bleiben, benötigen die Tiere den Kontakt zu ihren menschlichen Pflegern, wobei die Stimme besonders wichtig ist – diese wird durch die Terrarienscheiben aber verzerrt. Viele einheimische Tiere wie Eichhörnchen (*Sciurus vulgaris*), Murmeltier (*Marmota marmota*), Siebenschläfer (*Glis glis*) oder sämtliche Marderartige (Mustelidae) können ebenfalls nur bedingt im Haus gehalten werden; sie sollten möglichst ganzjährig einen Zugang zu einem Freigehege haben – somit sind auch sie wenig geeignet für eine Haltung im Terrarium. Dies trifft auch für die Arten der Meerschweinchen (Caviidae) zu. Einige wilde Formen, wie Graues Wieselmeerschweinchen (*Galea musteloides*) und Aperea-Wildmeerschweinchen (*Cavia aperea*), sind regelmäßig erhältlich, sollten aber in großflächigen Außenanlagen mit Zugang zu einem größeren Stall gehalten werden. Lediglich das „Braune Wieselmeerschweinchen" (*Galea* sp.) kann auch unter Terrarienbedingungen recht gut gepflegt werden, Hinweise für die Haltung dieser Nager erhalten Sie in der einschlägigen Fachliteratur (s. „Literatur").

für kleine Raubkatzen oder Affen bauen, die denen der Zoos in nichts nachstehen und in denen eine artgerechte Haltung ohne weiteres möglich ist.

## GEEIGNETE KLEINSÄUGER FÜR DIE TERRARIENHALTUNG

Nicht alle Kleinsäuger eignen sich allerdings für die Terrarienhaltung. Der Platzbedarf der Tiere wird schnell zum limitierenden Faktor. Es gibt Kleinsäuger-Arten, die aus mannigfaltigen Gründen

Kleinsäuger, die erhöhte Temperaturen benötigen, sollten im Terrarium gepflegt werden, so auch Große Wüstenspringmäuse (*Jaculus orientalis*).

Die meisten derzeit angebotenen Kleinsäuger kann man jedoch in mehr oder weniger großen Terrarien als Alternative zum Käfig durchaus gut halten. Es gibt auch etliche kleine Säugetierarten, die grundsätzlich besser in Terrarien gehalten werden. Temperatur- oder Klimaansprüche können ein Grund dafür sein: Ein beispielsweise tropisches Klima lässt sich nämlich in einem Terrarium recht einfach erzeugen, in einem Gitterkäfig dagegen sind Luftfeuchte und Temperatur weniger gut zu regeln und bleiben meist nur kurzzeitig konstant. In vielen Fällen gibt es neben den klimatischen auch rein praktische Gründe für die Haltung im Terrarium: Bei insektenfressenden Säugern ist diese Haltungsform beispielsweise sehr vorteilhaft, da so die Futterinsekten nicht durch die Gitterstäbe eines Käfigs entweichen und im ganzen Haus herumlaufen können. Auch wühlende Arten lassen sich besser in Terrarien pflegen, da – anders als bei Käfigen – der Bodengrund nicht ständig aus den Domizil des Kleinsäugers herausgescharrt wird. Und auch die Haltung kleinerer Hörnchen ist in Terrarien vorteilhaft, da diese Nager häufig die Angewohnheit haben, an den Gitterstäben einer Voliere hängend aus dem Käfig zu urinieren. Nicht zuletzt stören Glasscheiben die täglichen Beobachtungen weniger. Alles in allem ist die Terrarienhaltung eine gute oder in vielen Fällen sogar die beste Möglichkeit, etliche Arten von Kleinsäugern zu pflegen.

Eichhörnchen (*Sciurus vulgaris*) gehören nicht in Terrarien, sondern in große Freianlagen.

Für einige davon gibt es recht viel Spezialliteratur. So existieren beispielsweise einschlägige Bücher über Ratten (*Rattus norvegicus*), Goldhamster (*Mesocricetus auritus*) und Farbmäuse (*Mus musculus f. dom.*). Auf diese Kleinsäuger gehe ich in diesem Werk daher nicht oder nur am Rande ein. Weitere kleine Säugetiere,

Es hat Vorteile, insektenfressende Kleinsäuger im Terrarium zu halten. Das Foto zeigt einen Kleinen Igeltanrek (*Echinops telfairi*), der eine Heuschrecke verzehrt.

deren Terrarienhaltung zwar möglich, jedoch Spezialisten vorbehalten ist, habe ich ebenfalls ausgeklammert, dazu gehören beispielsweise Ratenkängurus (*Bettongia*), Spitzhörnchen (*Tupaia*), Pfeifhasen (*Ochotona*), Kleinraubtiere (Carnivora) sowie alle insektenfressenden Fledertiere; auch Kleinaffen werden nicht behandelt. Informationen zu diesen Tieren finden sich in zumeist englischsprachiger Spezialliteratur oder im Internet.

# BIOLOGIE

## ANATOMIE, ABSTAMMUNG UND SYSTEMATIK

Die Systematik der Säugetiere wird regelmäßig überarbeitet und diskutiert, sodass sich recht häufig Änderungen ergeben. In diesem Buch folge ich der derzeit (2002) gängigsten biologischen Systematik nach NOWAK (1999) und WILSON & REEDER (1993).

Die Klasse der Säugetiere (Mammalia) wird aktuell in 28 Ordnungen mit über 4800 Arten unterteilt (NOWAK 1999). Ihren Ursprung im Laufe der Evolution nahmen die Säugetiere vor etwa 220 Millionen Jahren (CAMPBELL 1996), als sich der typische Kiefer der Echten Säugetiere (Theria) ausbildete.

Dabei entwickelten sich die ersten Säuger aus den „Säugerähnlichen Reptilien" (Therapsida), von denen einige – anders als die Reptilien – schon endotherm waren, ihre Körpertemperatur also selbst erzeugen konnten (THENIUS 2000 *ex* 1979/80).

Die ersten Säugetiere würde man heute sicher als Kleinsäuger bezeichnen: Die etwa mausgroßen Tiere waren wahrscheinlich nachtaktiv und ernährten sich hauptsächlich von Insekten. Sie entwickelten sich zu Beginn des Erdmittelalters (Mesozoikum) und damit zur Blütezeit der Dinosaurier, deren Konkurrenz sie zunächst nicht gewachsen waren. Mit dem Ende der Kreidezeit verschwanden die Dinosaurier aber von unserem Planeten, nur die Vögel, die ja direkt von den Dinosauriern abstammen, überlebten. Die „plötzlich" frei gewordenen ökologischen Nischen der Erde konnten nun die Säugetiere besetzen, die sich in die drei bis heute existenten Hauptgruppen aufspalteten. Man unterscheidet Kloakentiere (Monotremata), Beuteltiere (Marsupialia) und Höhere Säugetiere (Placentalia), die auch „Plazentatiere" genannt werden (CAMPBELL 1996).

Alle Säugetiere haben als gemeinsames Merkmal Haare und sind endotherm. Um die Körpertemperatur selbst, also ohne äußere Wärmequellen, regulieren zu können, benötigen Säuger zudem einen aktiven Stoffwechsel, der von einem effizienten Atmungssystem unterstützt wird. Charakteristisch für Säugetiere sind zudem ein Herz aus vier Kammern sowie Milchdrüsen, mit denen die Jungen ernährt werden (daher ja der Name Säugetiere). Zwischen den drei Hauptgruppen gibt es aber deutliche Unterschiede, vor allem bei der Art der Fortpflanzung.

So legen die **Kloakentiere**, deren berühmtester Vertreter das Schnabeltier (*Ornithorhynchus anati-*

Nager bilden innerhalb der Höheren Säugetiere die größte Gruppe, hier eine Persische Rennmaus (*Meriones persicus*).

*nus*) sein dürfte, Eier (ovipare Fortpflanzung; WEHNER & GEHRING 1995). Die daraus schlüpfenden Jungen werden beim Schnabeltier im Nest und bei den Schnabeligeln im Beutel mit Hilfe zweier Milchfelder gesäugt, was ihre Zuordnung zu den Säugetieren rechtfertigt. Heute kommen Kloakentiere nur noch in Australien, auf Neuguinea und einigen Inseln Indonesiens vor. Diese Säuger sind selbst in Zoos – genau wie in freier Natur – sehr selten und werden daher nicht in Privathand gehalten.

**Beuteltiere** bekommen nach einer sehr kurzen Tragzeit von 12–38 Tagen erst wenig entwickelte Junge, die selbstständig den Weg von der Geburtsöffnung zum Beutel, den die meisten Beuteltiere besitzen, zurücklegen müssen (WEHNER & GEHRING 1995). Im Beutel, dessen Öffnung nach vorne oder hinten weisen kann, befinden sich die Zitzen, über die die Jungen ihre Mäuler stülpen. Mit dem Anschwellen der Zitzen sind die Jungen nun über Wochen mit ihnen „verwachsen". Hier beendet der Beuteltier-Nachwuchs die „Embryonalentwicklung". Bis zur Selbstständigkeit bleiben die Nachkommen im Beutel oder klammern sich im Fell in der Nähe des Beutels fest. Beuteltiere entwickelten sich parallel zu den Höheren Säugern in der Kreidezeit wahrscheinlich in Nordamerika (SZALAY 1994) und verbreiteten sich über mehrere Kontinente. Die „fortschrittlicheren" Plazentatiere verdrängten die Beuteltiere im Laufe der Evolution aber von großen Teilen der Erde. Heute trifft man Beutler nur noch im australischen Raum (170 Arten) sowie in Süd- und Mittelamerika (80 Arten) an. Das Virginia-Opossum (*Didelphis virginiana*) ist das einzige Beuteltier, das ein Verbreitungsgebiet bis in die nördliche Hemisphäre hat. Die Ausbreitung bis nach Südkanada gelang diesem Tier aber erst im Laufe des Pleistozäns, also vor etwa einer Million Jahren (NOWAK 1999; WEHNER & GEHRING 1995).

Unter den Beuteltieren sind etliche klein bleibende Arten, es gelangen aber nur selten Tiere aus den Herkunftsgebieten nach Europa. Da Australien ein strenges Ausfuhrverbot für seine heimische Flo-

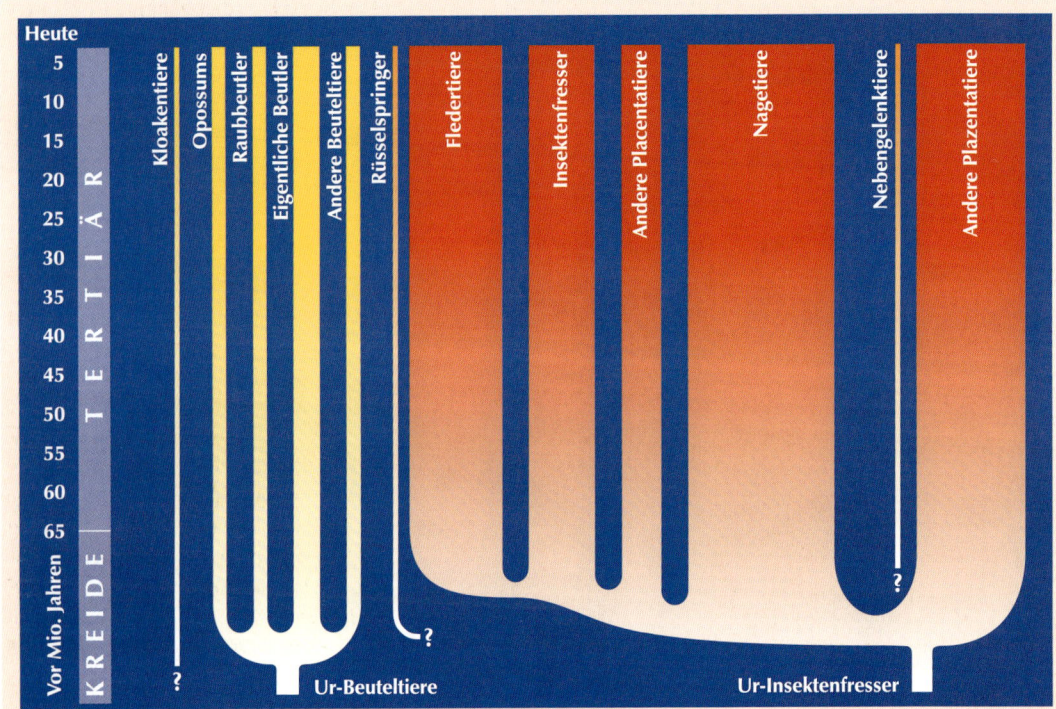

Vereinfachte Darstellung der Abstammung der Säugetier-Ordnungen, die in diesem Buch angesprochen werden: Die Stärke der Balken gibt die Anzahl der heute noch lebenden (rezenten) Arten an. Beuteltiere und Plazentatiere entwickelten sich seit dem Beginn der Kreide (vor ca. 135 Mio. Jahren) getrennt voneinander als so genannte Schwestergruppen. Alle Plazentatiere stammen von einem insektenfressenden Kleinsäuger ab. Woraus die Kloakentiere hervorgingen, ist bis heute nicht klar (PFLUMM 1989). Ebenso wenig geklärt ist die Abstammung der Rüsselspringer und Nebengelenktiere. Beide entwickelten sich schon sehr früh in der Evolution.

ra und Fauna erlassen hat, gibt es nur wenige Arten, die als Heimtiere in Frage kommen. Dazu gehören vor allem verschiedene kleinere Opossumarten der Ordnung Didelphimorpha aus Südamerika. Der Erhaltung von Terrarienbeständen des Kowaris (*Dasyuroides byrnei*), einem kleinen Raubbeutler Australiens, gelten derzeit viele Bemühungen verschiedener europäischer Zoos und Privathalter. Durch Inzucht und einen Zuchtstopp wäre auch dieser Beutler beinahe aus den europäischen Terrarien für immer verschwunden. Besonders beliebt sind unter Tierfreunden die Kurzkopf-Gleitbeutler (*Petaurus breviceps*), die dem asiatischen Streifenhörnchen (*Tamias sibiricus*) in letzter Zeit den Rang als Heimtier abzulaufen scheinen. Diese

Gleitbeutler gehören zur großen Ordnung Diprodontia, zu der auch der seltene Große Streifenbeutler (*Dactylopsila trivirgata*) zählt.

Die meisten für das Terrarium geeigneten Kleinsäuger finden Halter unter den **Höheren Säugetieren** (Placentalia). Diese Tiere beenden ihre Embryonalentwicklung – anders als die Arten der anderen Hauptgruppen – im Uterus (Gebärmutter). Dabei ist der Embryo über die Plazenta(Mutterkuchen) mit seiner Mutter verbunden (daher auch der Name „Plazentatiere"). Diese Säugergruppe entwickelte ihre verschiedenen Ordnungen – von den Insektenfressern bis zu den Primaten – vor allem auf der nördlichen Erdhalbkugel. In Südamerika wanderten die höheren Säugetiere beispielsweise erst ein,

Eurasische Zwergmaus (*Micromys minutus*)

## SYSTEMATIK – EIN BEISPIEL

| | |
|---|---|
| Reich: | Tiere (Animalia) |
| Stamm: | Chordatiere (Chordata) |
| Unterstamm: | Wirbeltiere (Vertebrata) |
| Klasse: | Säugetiere (Mammalia) |
| Ordnung: | Nagetiere (Rodentia) |
| Familie: | Echte Mäuse (Muridae) |
| Gattung: | Zwergmäuse (*Micromys*) |
| Art: | Eurasische Zwergmaus (*Micromys minutus*) |

Systematik der eurasischen Zwergmaus (nach SCHAEFER 1994). Einige Wissenschaftler geben noch weitere Unterrubriken der Systematik an, die ich aber aus Gründen der Übersichtlichkeit weglasse. Alle Spezies einer Gattung haben denselben latinisierten groß geschriebenen „Vornamen" (Gattungsname), der klein geschriebene „Nachname" (Artname) unterscheidet die Arten. Zum vollständigen wissenschaftlichen Namen gehört auch noch der Erstbeschreiber und die Jahreszahl der Erstbeschreibung. Einige Spezies haben Unterarten. In solchen Fällen wird dem wissenschaftlichen zweiteiligen Namen ein weiterer angehängt, z. B bei der Goldstachelmaus (*Acomys russatus*), die in die Unterarten Helle Goldstachelmaus (*Acomys russatus russatus*), Jordanian-Stachelmaus (*Acomys russatus lewis*) und Harrisons Stachelmaus (*Acomys russatus harrisoni*) aufgeteilt wird. Vom Menschen domestizierte „Rassen" erhalten den meist abgekürzten Zusatz „forma *domestica*", so beispielsweise die Farbmaus (*Mus musculus* f. dom.).

als eine Landbrücke zu Nordamerika bestand, was für eine gewisse Zeit vor etwa zwölf Millionen Jahren der Fall war und seit drei Millionen Jahren wieder der Fall ist (CAMPBELL 1996; LANZEWIZKI 2001).

Von den 20 Ordnungen der Höheren Säugetiere sind vor allem die allein etwa 2050 Arten der Nagetiere (Rodentia) für den Kleinsäugerhalter interes-

sant (NOWAK 1999). Neben den gängigen und exotischen Nagern sind aber in letzter Zeit auch immer mehr Insektenfresser (Insectivora) als Heimtiere anzutreffen. Einzelne Arten der Ordnungen Nebengelenktiere (Xenarthra), Rüsselspringer (Macroscelidea) und Fledertiere (Chiroptera) sind ebenfalls zunehmend häufig in Privathaltung zu finden.

## VERBREITUNG, BIOTOPE, ANPASSUNGEN

Säugetiere trifft man beinahe weltweit an. Säuger schafften es, die Tiefen der Meere genauso zu besiedeln wie die Gipfel der Berge und Dutzende verschiedene Lebensräume dazwischen. Die Biologie der Tiere ebenso wie ihre tiergerechte Haltung hängen von ihrer Verbreitung und den Lebensräumen ab, in denen sie natürlicherweise vorkommen. Die Verbreitung der Arten wiederum wird vor allem durch das Klima bedingt. Als tiergeographische Zonen bezeichnet man Gebiete, die schon seit langer Zeit zusammenhängen und in denen daher eine „eigene" Fauna entstehen konnte; definitionsgemäß müssen 50 % der Tierarten endemisch sein, also nur hier vorkommen (WEHNER & GEHRING 1995). Natürlich sind diese Zonen nicht klar getrennt, vielmehr gehen sie in den Randbereichen ineinander über (HEINEMANN 2000 *ex* 1979/80).

Die Kontinente der Nördlichen Erdhalbkugel werden als Holarktis bezeichnet, wobei Nordamerika die Nearktis bildet, Asien und Europa sowie Nordafrika werden Palaearktis genannt. Etliche Gattungen sind sowohl in Nordamerika als auch in Eurasien vertreten, daher die Zusammenfassung dieser Gebiete. Afrika, Kleinasien und Südostasien bilden die Palaeotropis, die bei vielen Autoren in drei Unterzonen unterteilt wird: Das Äthiopische Gebiet (Äthiopis) wird dabei vom Afrika südlich der Sahara gebildet, zum Indomalaiischen Gebiet (Orientalis) zählen der indische Subkontinent und der malaiische Archipel; Madagaskar bildet eine eigene Zone. Die einzigartige Tierwelt Madagaskars rechtfertig diese Sonderstellung. Als Neotropis werden Süd- und Teile Mittelamerikas bezeichnet. Australien und Teile von Ozeanien bilden die Australis (WEHNER & GEHRING 1995; HEINEMANN 2000 *ex* 1979/80).

**TIERGEOGRAPHISCHE ZONEN DER ERDE**

Die Holarktis (grün), bestehend aus Nordamerika und Eurasien ist in Nearktis (hellgrün) und Palaearktis (dunkelgrün) aufgeteilt, während die Neotropis (rot) von Süd- und Teilen Mittelamerikas gebildet wird. Die Palaeotropis (gelb) wird häufig in drei Teile aufgeteilt: Äthiopis (mittelgelb), Madagaskar (dunkelgelb) und Orientalis (hellgelb). Das australische Gebiet (Australis; orange) ist schon sehr lange von den restlichen tiergeographischen Zonen getrennt. Zwischen all diesen Zonen gibt es keine scharfen Grenzen, sondern Übergangsgebiete!

Innerhalb dieser tiergeographischen Zonen gibt es die unterschiedlichsten Klimazonen, die sich durch so genannte abiotische Faktoren wie Temperatur, Luftfeuchtigkeit, Sonnenscheindauer und viele andere unterscheiden. Im Zusammenwirken mit den Lebewesen (biotische Faktoren) entstanden einzigartige Biotope, in denen alle Bewohner über ein kompliziertes Netzwerk miteinander verbunden sind und sich den Anforderungen ihres Lebensraums entsprechend entwickelten: Es ist logisch, dass ein Kleinsäuger, der in den Baumriesen eines südamerikanischen Regenwaldes lebt, im Laufe der

Kleinsäuger passten sich im Laufe der Evolution an ihre Lebensräume an, so entwickelte zum Beispiel der Assapan (*Glaucomys volans*) Gleithäute.

Zerstörter Kleinsäuger-Lebensraum in Mittelamerika.    Foto: Matthias Schmidt

Evolution andere Anpassungen an diese Umwelt ausbildete als ein grabender Wüstenbewohner Südafrikas an die seine.

Unter den Kleinsäugern findet man aufgrund solcher Anpassungen Alleskönner und Spezialisten, Läufer und Springer, Gleiter und Flieger, Kletterer und Schwimmer.

Viele Arten entwickelten raffinierte „Tricks" und fantastische Anpassungen ihrer Körpergestalt, um in ihrem Biotop zu überleben. Die große Verschiedenheit der Arten macht die Haltung von Kleinsäugern so faszinierend, ist gleichzeitig aber auch ein limitierender Faktor. Denn nicht alle Anpassungen an die Natur sind im Terrarium vorteilhaft, einige machen die Haltung der Tiere beinahe unmöglich.

# RECHTLICHE GRUNDLAGEN

## ARTENSCHUTZ

Durch die Eingriffe des Menschen in nahezu alle Biotope der Welt sind viele Tierarten von der Ausrottung bedroht. Diese Entwicklung macht auch vor Kleinsäugern nicht halt. Durch Biotopverlust sind daher viele kleine Säuger gefährdet. Das gilt nicht nur für die Regenwälder Südamerikas, Afrikas und Südostasiens, sondern ist vielmehr eine weltweite Erscheinung, die in vielen Biotopen für das Verschwinden ganzer Populationen oder Arten verantwortlich ist. So wird beispielsweise die wenig in den Medien beachtete amerikanische Prärie Stück für Stück zugunsten von Städten, Highways und riesigen Feldern verkleinert.

Doch nicht nur auf anderen Kontinenten gibt es dieses Problem, das den Menschen als Ursache hat. Auch in Europa sind viele Kleinsäuger von der Ausrottung bedroht. Beispielsweise ist der Europäische Ziesel (*Spermophilus citellus*) in Deutschland innerhalb der letzten hundert Jahre ausgestorben und wird nun nur noch in Osteuropa angetroffen (SCHAEFER 1994), andere Arten stehen am Rande der Ausrottung.

Um diesem Prozess entgegenzuwirken, gibt es Gesetze, Verordnungen und Abkommen auf natio-

Einheimisch und trotzdem nicht artgeschützt ist die Europäische Feldmaus (*Microtus arvalis*).

naler, europäischer und internationaler Ebene; etliche Teile dieser Bestimmungen regeln den Handel (sprich: auch die Regelungen beim Kauf) geschützter Tiere. Grundsätzlich gilt: Die Haltung aller in diesem Buch beschriebenen Tiere ist grundsätzlich möglich, jedoch müssen für einige Tiere Ausnahmegenehmigungen eingeholt werden (s. u.). Für den Halter bedeutet dies vor allem einigen Papierkram. Eines gilt dabei für alle (!) geschützten Kleinsäuger gleichermaßen: Neu erworbene Tiere, Abgänge, Geburten, Standortverlegungen oder Todesfälle müssen unverzüglich (d. h. ohne schuldhaftes Verzögern) der zuständigen Landesbehörde (z. B. Untere Landschaftsbehörde bei Kreis, Stadt oder Regierungspräsidium) gemeldet werden. So müssen Halter geschützter Kleinsäuger beispielsweise auch Umzüge anzeigen und ihre Tiere entsprechend ummelden. Viele Ämter haben dafür eigene Meldebescheinigungen, die nur ausgefüllt und unterschrieben werden müssen, einige Ämter verlangen lediglich formlose Mitteilungen über Bestandsveränderungen.

## Exoten

Beim Schutz von Kleinsäugern gilt das weltweit greifende Washingtoner Artenschutzabkommen (WA), dem Deutschland am 20. Juni 1976 beigetreten ist. Dieses „Übereinkommen über den Handel mit gefährdeten Tieren und Pflanzen" (CITES), wie es offiziell heißt, ist ein internationaler Vertrag, den inzwischen über 150 Staaten der Erde ratifizierten. Das WA regelt, welche Pflanzen und Tiere internationalen Handelsbeschränkungen unterliegen und damit auch, welche ohne weiteres gehandelt werden dürfen und welche nicht. Unter den nach dem WA geschützten Arten gibt es allerdings kaum Kleinsäuger, die im Terrarium gehalten werden.

In der Europäischen Union gelten die EU-Artenschutzverordnung (VO (EG) Nr. 338/97) und die dazugehörige EU-Artenschutz-Durchführungsverordnung (VO (EG) 1808/2001 mit Wirkung vom 22.9.2001, davor VO (EG) Nr. 939/97), die seit 1997 die Umsetzung des WA und zusätzlich EU-interne Artenschutzziele durchsetzen sollen. Mit diesen Verordnungen wurde das WA also in europäisches Recht umgewandelt.

In diesem Buch werden keine Arten vorgestellt, die derzeit (2002) nach der EU-Artenschutzverordnung geschützt sind. In seltenen Fällen werden allerdings auch Tiere angeboten, die einem der beiden Anhänge der EU-Artenschutzverordnung angehören. In einem solchen Fall sollten Sie sich schon vor (!) dem Kauf mit Ihrer zuständigen Behörde in Verbindung setzen, um die Formalitäten zu besprechen. Informationen darüber, welche Tiere nach welcher Verordnung geschützt sind, erteilt das Bundesamt für Naturschutz (s. „Adressen").

## Einheimische Säugetiere

Für einheimische Kleinsäuger, die nicht in der EU-Artenschutzverordnung auftauchen, gilt die Bundesartenschutzverordnung (BArtSchV). In „Anlage 1" werden einheimische Tiere in die Kategorien „besonders geschützt" und „streng geschützt" eingestuft. Alle terrariengeeigneten einheimischen Kleinsäuger außer Schermaus (*Arvicola terrestris*), Rötelmaus (*Clethrionomys glareolus*), Erdmaus (*Microtus agrestis*), Feldmaus (*Microtus arvalis*), Hausmaus (*Mus musculus*), Hausratte (*Rattus norvegicus*) und Wanderratte (*Rattus rattus*) sind in der ersten Kategorie („besonders geschützt") der Anlage 1 der BartSchV zu finden (ANONYMUS 2000). Die Haltung und vor allem der Handel mit diesen Tierarten erfordern somit besondere Ausnahmegenehmigungen. Die deutschen Bundesländer haben unterschiedliche Vorgehensweisen, wenn es um die Erteilung solcher Genehmigungen geht. Es ist also sinnvoll, vor dem Kauf bei der zuständigen Behörde nachzufragen, was zu tun ist. Auskunft über den Schutzstatus der verschiedenen Tierarten erteilt wiederum das Bundesamt für Naturschutz (s. „Adressen"). Im Allgemeinen ist es aber kein Problem, solche Genehmigungen für die Haltung und Zucht von Nachzuchten (!) einheimischer Kleinsäuger zu bekommen, meist sind nur einfach Formblätter auszufüllen oder es ist lediglich eine schriftliche Meldung zu machen.

Der sicherlich beste Weg ist der Erwerb von Nachzuchten eines Züchters oder Händlers aus der Umgebung, der somit mit den lokalen Formalitäten vertraut ist. In jedem Fall benötigt der neue Halter einen Herkunftsnachweis seiner Tiere vom Züchter und muss seine neuen Heimtiere natürlich so schnell wie möglich bei der zuständigen Behörde anmelden (s. o.). Für zu späte Anmeldungen können Bußgelder verhängt werden. In seltenen Fällen ist auch noch ein Nachweis „erforderlicher Zuverlässigkeit und ausreichender Kenntnisse über die Haltung und Pflege der Tiere" zu erbringen, einige Ämter fragen auch nach der artgerechten Unterbringung der Tiere.

Bei eigenen Nachzuchten ist das Prozedere ähnlich: Die Anzahl der Nachzuchten wird der zuständigen Behörde gemeldet, die dann die erforderlichen Papiere ausstellt oder festlegt, dass ein so genanntes Zuchtbuch geführt wird, in dem alle Käufer der Nachzuchten mit Anschrift festgehalten sind. Im letzten Fall muss der Züchter den Käufern in einem Abgabevertrag selbst schriftlich bestätigen, dass es sich bei den Tieren um seine eigenen Nachzuchten handelt. Dies entbindet aber nicht von der Anzeigepflicht, jede Nachzucht muss also weiterhin ordnungsgemäß an- und bei Verkauf oder Tod auch wieder abgemeldet werden!

Für Wildfänge gelten ähnliche Regelungen. Legal sind in diesem Fall aber nur Wildfänge aus Ländern außerhalb Europas, in denen das entsprechende Tier ungeschützt ist. So können beispielsweise Zwergmäuse (*Micromys minutus*), die in Deutschland niemals der freien Natur entnommen werden dürfen, aus Asien eingeführt werden. In solchen Fällen muss der Halter eine Einfuhrgenehmigung bei der zuständigen Behörde als Herkunftsnachweis einreichen. Ansonsten gelten die gleichen Regeln wie bei Nachzuchten.

## GESCHÜTZT

Liste der Tierarten, die in diesem Buch behandelt werden und nach Bundesartenschutzgesetz geschützt sind:
Europäischer Ziesel (*Spermophilus citellus*)
Perlziesel (*Spermophilus suslicus*)
Eurasische Zwergmaus (*Micromys minutus*)
Eurasisches Flughörnchen (*Pteromys volans*)
Gartenschläfer (*Eliomys quercinus*)
Baumschläfer (*Dryomys nitedula*)

Wie viele Verordnungen, so werden auch die Artenschutzverordnungen auf internationaler, europäischer und nationaler Ebene regelmäßig geändert. Bitte fragen Sie daher im Zweifelsfalle immer beim Bundesamt für Naturschutz nach oder besorgen Sie sich die aktuelle Version der Bundesartenschutzverordnung. Kleinsäugerrelevante Änderungen der wichtigen Verordnungen werden zudem in den Fachzeitschriften, z. B. der RODENTIA (s. „Adressen"), veröffentlicht.

## TIERSCHUTZ

Wer Kleinsäuger (oder andere Wirbeltiere) hält, unterliegt in Deutschland den Vorschriften des Tierschutzgesetzes (TierschG) – gleichgültig, ob die gepflegten Tiere unter den Artenschutz fallen oder nicht. Die Neufassung des Tierschutzgesetzes ist mit Wirkung vom 1. Juni 1998 in Kraft getreten. Der Zweck dieses Gesetzes ist es, „aus der Verantwortung des Menschen für das Tier als Mitgeschöpf dessen Leben und Wohlbefinden zu schützen. Niemand darf einem Tier ohne vernünftigen Grund Schmerzen, Leiden oder Schäden zufügen" (§ 1 TierschG).

Der zweite Abschnitt des Gesetzes beschäftigt sich mit der Tierhaltung im Allgemeinen, darin heißt es unter anderem:

> „Wer ein Tier hält, betreut oder zu betreuen hat,
> 1. muss das Tier seiner Art und seinen Bedürfnissen ent-
>    sprechend angemessen ernähren, pflegen und verhal-
>    tensgerecht unterbringen,
> 2. darf die Möglichkeit des Tieres zu artgemäßer Bewegung
>    nicht so einschränken, dass ihm Schmerzen oder ver-
>    meidbare Leiden oder Schäden zugefügt werden,
> 3. muss über die für eine angemessene Ernährung, Pflege
>    und verhaltensgerechte Unterbringung des Tieres erfor-
>    derlichen Kenntnisse und Fähigkeiten verfügen.
>
> (§ 2 TierschG)

Auch der achte Abschnitt des Tierschutzgesetzes (der „berühmte" §11) ist für Tierhalter interessant. Neben den rechtlichen Vorschriften für die gewerbsmäßige Haltung und Zucht von Wirbeltieren ist dort das Verbot so genannter „Qualzuchten" festgeschrieben. Während für die gewerbsmäßige Haltung und Zucht nach diesem Paragraphen ein Sachkundenachweis gefordert wird, ist dieser für private Hobbyzüchter nicht vorgeschrieben.

Ein wichtiger Aspekt für die geforderte verhaltensgerechte Unterbringung ist die Größe des Käfigs oder Terrariums und deren Einrichtung. Anhaltspunkte für die Maße der Unterbringung gibt das „Gutachten über Mindestanforderungen an die Haltung von Säugetieren" (BMLF 1996; s. Adressen), das jedoch besonders im Bereich Kleinsäuger recht undifferenziert erscheint. Dieses Gutachten soll §2 TierschG vor allem für Zoos, Tierparks, Heimattiergärten und ähnliche Unternehmen konkretisieren.

## MIETRECHT

Die Haltung von Kleinsäugern in einer „üblichen" Zahl in Mietwohnungen ist im Allgemeinen genehmigungsfrei. Klauseln in Formularmietverträgen, die die Haltung jeglicher Heimtiere untersagen oder unter Genehmigungsvorbehalt des Vermieters stellen, sind spätestens seit 1993 nicht mehr zulässig (RÖSSEL 2001). Dies gilt, solange keinerlei Störungen (z. B. Lärm, Geruch) von den gehaltenen Tieren ausgehen und nicht ständig Kleinsäuger frei in der Wohnung (oder dem Hausflur) herumlaufen und somit Schäden anrichten können. Uneinheitlich urteilen Gerichte jedoch bei der Haltung von subjek-

tiv als „Ekeltiere" empfundenen Heimgenossen wie beispielsweise Ratten und rattenähnlichen Nagern sowie Fledertieren. In diesen Fällen empfiehlt sich daher eine vorherige Absprache mit dem Vermieter und den anderen Mietparteien!

# HALTUNG

## DER STANDORT FÜR DAS TERRARIUM

Zugluft ist eine der Hauptursachen für Krankheiten bei Kleinsäugern, vor allem, wenn diese in Käfigen gehalten werden. Auch in Terrarien kann es aber trotz aller baulichen Vorsichtsmaßnahmen zu Zugluft kommen, daher sollten Standorte in der direkten Umgebung von Fenstern und Türen vermieden werden. Ebenso wichtig ist es, dass das Terrarium keine direkte Sonne abbekommt. Auch wenn einige der vorgestellten Tiere durchaus gerne in der Sonne baden, so kann direkte Sonnenstrahlung gefährliche Folgen für die Bewohner eines Terrariums haben. Schnell hitzen sich vor allem Glaserrarien immens auf („Gewächshaus-Effekt"), sodass Temperaturen von über 50 °C erreicht werden können!

Außerdem ist es wichtig, dass Terrarien mit Kleinsäugern nicht in „Durchgangsstrecken" aufgestellt werden. Der Standort des Terrariums sollte ruhig sein und dennoch nicht so weit weg vom Geschehen, dass menschliche Stimmen den Tieren unbekannt sind. Am besten eignen sich meist Plätze im Wohn-, Arbeits- und Esszimmerbereich, wobei Orte in direkter Nähe zu Fernsehern oder Stereoanlagen nicht geeignet sind. In Küche, Bad oder Fluren haben Kleinsäuger grundsätzlich nichts zu suchen. Steht das Terrarium sehr dunkel, muss es beleuchtet werden (s. o.), vor allem, wenn tagaktive Kleinsäuger darin wohnen.

## DAS KLEINSÄUGER-TERRARIUM

Das Terrarium für Kleinsäuger muss viele Ansprüche erfüllen: Es muss ein echter „Lebensraum" für die Bewohner werden, und trotzdem will der Halter seine Schützlinge darin gut beobachten können. Zudem soll das Becken gut aussehen, leicht zu reinigen und ausbruchsicher sein sowie zusätz-

Terrarien sind am besten an einem ruhigen Standort untergebracht.

lich möglichst wenig Kosten (auch beim Energie-verbrauch) verursachen. Ein ideales Kleinsäuger-terrarium zu finden, ist also gar nicht so einfach. Vor dem Kauf oder Bau sollte auf jeden Fall eines feststehen: der zukünftige Bewohner! Denn eine goldene Regel für die erfolgreiche Haltung aller Kleinsäuger heißt: Erst informieren, dann das Ter-rarium organisieren und erst jetzt das Tier kaufen und in seinen fertig eingerichteten „kleinen Bio-top" einsetzen.

## TERRARIENTYPEN

Mehrere Terrarientypen stehen für die Kleinsäuger-haltung zur Auswahl. Es gibt beispielsweise „tro-ckengelegte" Aquarien mit Deckel, Glasterrarien, Holzterrarien, „Halbzimmerterrarien" und Plastik-terrarien. Jeder dieser Typen hat Vor- und Nachtei-le, aber nicht alle sind gleich gut für die Haltung al-ler Kleinsäuger geeignet.

Ehemalige **Aquarien** sind über Kleinanzeigen häufig sehr günstig zu bekommen. Diese Form von Ter-rarium ist aber nur für einen kleinen Teil von Klein-säugern geeignet – und das meist nicht ohne Um-bauten, z. B. für die Installation einer Nippeltränke. Für stark wühlende Nagetiere beispielsweise sind Aquarien jedoch gut geeignet, da in ihnen ein sehr hoher Bodengrund eingefüllt werden kann, um dem Grabbedürfnis der Tiere gerecht zu werden. Aber auch bei diesen unterirdisch lebenden Tieren sollte der Pfleger nie vergessen, dass die Luftdurchmi-schung in einem Aquarium vergleichsweise schlecht ist! Daher empfehlen viele Kleinsäugerhalter häu-fig, zumindest für frischluftbedürftige Arten eine zusätzliche Lüftungsfläche in eine Seitenscheibe ein-zubauen – schaden kann diese Maßnahme keiner Kleinsäuger-Art! Dazu wird zunächst die Seiten-scheibe mit einem scharfen Messer aus dem Aqua-rium abgetrennt. Im unteren Drittel der Scheibe wird mit einem Glasschneider (oder bei einem Gla-

Ausgediente Aquarien mit Deckel können als Kleinsäuger-Terrarium genutzt werden – zum Beispiel für Campbell-Zwerghamster (*Phodopus campbelli*).

Für die Haltung einiger Arten, wie der Goldstachelmaus (*Acomys russatus russatus*), eignen sich handelsübliche Glasterrarien für Reptilien.

ser) ein etwa 5–10 cm breiter Streifen herausgeschnitten. Nun klebt man die beiden verbliebenen Scheiben wieder mit Silikon ein und ersetzt den fehlenden Streifen durch Terrarien-Lochblech, das man mit Aquariensilikon einklebt. Rostfreies Lochblech bekommt man im Terraristikfachhandel als Meterware angeboten. Dieses Blech verhindert den „Weinkeller-Effekt", also das Anstauen von Kohlendioxid am Boden des Terrariums, und die Bildung von Staunässe.

Zudem benötigen Aquarien bei den meisten Tierarten einen Deckel, damit die gehaltenen Tiere nicht entweichen. Die Terrarieneinrichtung enthält nämlich immer auch höhere Gegenstände, die als Sprungbrett für den Fluchtversuch genutzt werden können. Nicht selten entstehen bei den „Ausbrechern" durch Stürze schwere Verletzungen. Leider werden stabile Drahtdeckel für Aquarien im Fachhandel derzeit nicht angeboten. Vom Kauf einer handelsüblichen Aquarienabdeckung ist dringend abzuraten, da die Luft im Aquarium dadurch noch weniger zirkulieren kann. Daher müssen Kleinsäugerhalter in diesem Fall entweder zu Akkuschrauber und Säge greifen und einen passenden Deckel bauen, oder einen Tischler damit beauftragen. Für eine solche Abdeckung hat sich übrigens so genannter Vierkantdraht bewährt, dessen Maschenweite so gewählt werden muss, dass auch sprungfähige Jungtiere ihren Kopf nicht hindurchstecken können, also

für Kleinnager beispielsweise 6 mm, für größere Kleinsäuger 12 mm. Fliegendraht oder Gaze sind für die meisten Kleinsäuger wenig geeignet, da diese Materialien weder Nagerzähnen noch Krallen z. B. von Tanreks und Igeln lange standhalten.

Eine bessere Methode ist sicherlich die Unterbringung von Kleinsäugern in **Glasterrarien**, bei vielen vorgestellten Arten ist es sogar die einzige vernünftige Art der Haltung. Seit kurzem gibt es eigens für Kleinsäuger hergestellte Terrarien mit zwei Lüftungsflächen in der Vorderseite des Beckens und einer in der Oberseite, die sich hervorragend für die Pflege eignen. Diese Terrarien haben zudem einen „Scharrschutz" vor den Führungsprofilen der Schiebescheiben in Form eines Glasstegs, der bei nagenden Kleinsäugern zudem verhindert, dass die Führungsprofile von den Bewohnern angeknabbert werden.

Häufiger als diese Kleinsäuger-Terrarien sind Terrarien für Reptilien im Zoofachhandel erhältlich. Diese haben für die Haltung vieler Arten allerdings einen immensen Nachteil: Im Allgemeinen ist die vordere Lüftungsfläche parallel zum Boden angebracht und wird von Kleinsäugern häufig als Lauf- und Kotfläche benutzt, was schnell zur Verschmutzung des Lüftungsbleches und auch der Umgebung führt, da Kot und Einstreu durch die Öffnungen der Lüftung fallen. Weil viele Kleinsäuger im Bodengrund scharren, wird bei dieser Bauart zudem häufig die in etwa 5 cm Höhe angebrachte

Reptilien-Glasterrarien haben eine für viele Kleinsäuger ungünstige Lüftung, wie dieses extreme Beispiel eines Terrariums für Nil-Grasratten (*Arvicanthis niloticus*) zeigt: Die vordere Lüftung wurde zugescharrt, die Durchlüftung stockte, und es bildete sich Kondenswasser.

Kleinsäuger-Terrarium mit idealer Lüftung z. B. für die Haltung von Vielstreifen-Grasmäusen (*Lemniscomys barbarus*).

Lüftungsfläche „verschüttet" und ist demnach wirkungslos. Häufig werden auch die Führungsschienen für die Schiebescheiben eingescharrt, die sich dann nur noch schwer öffnen oder schließen lassen. Bei Tieren, die einen über 3 cm hohen Bodengrund benötigen oder einen sehr „schnellen" Stoffwechsel haben, sei der Kauf (oder Bau) eines speziell für Kleinsäuger konzipierten Terrariums angeraten!

Glasterrarien sind inzwischen in beinahe allen Größen und auch verschiedenen Formen erhältlich sowie sehr stabil – allerdings auch schwer und vergleichsweise teuer. Ihre Bauweise ermöglicht einen ausgezeichneten Luftaustausch im Becken und trotzdem die gitterlose Beobachtung der gehaltenen Tiere. Natürlich ist das Glas gut sauber zu halten. Vorteilhaft gegenüber den bereits erwähnten Aquarien sind zudem die Schiebescheiben in der Terrarien-Vorderseite. Dadurch können die gehaltenen Tiere problemlos herausgenommen oder versorgt werden – und zwar „von der Seite". Bei Aquarien (und den meisten Käfigen) ist es hingegen so, dass der Halter von oben in das Kleinsäuger-Domizil hineingreift, also aus der Warte, aus der die gehaltenen Tiere in der Natur einen Angriff von Raubtieren (v. a. Greifvögeln) erwarten würden. Die Schiebescheiben bei Glasterrarien sorgen somit dafür, dass das Herausfangen weniger Stress für die Tiere bedeutet.

Die genannten Vorteile von Glasterrarien gelten nahezu alle auch für **Holzterrarien**. Holzterrarien sind nur sehr selten im Fachhandel erhältlich, sodass solche Becken selbst gebaut (s. u.) oder von einem Tischler angefertigt werden müssen. Dazu werden im Allgemeinen kunststoffbeschichtete Spanplatten benutzt. Dies hat den Vorteil, dass die Platten durch ihre glatte Oberfläche genauso gut zu reinigen sind wie Glasflächen – außerdem lassen sich Löcher für Nippeltränken oder Stromkabel in diesen Becken natürlich viel leichter einbauen als in Glasterrarien. Sind die inneren Kanten und Ecken des fertigen Holzterrariums mit Silikon ausgespritzt, kann auch kein Urin zwischen die verschraubten Platten laufen. Erstaunlicherweise sind sehr passgenau (!) verarbeitete Holzterrarien auch für Nager geeignet; es hat sich allerdings als vorteilhaft erwiesen, bei nagenden Kleinsäugern so genannte Möbelecken aus Metall von innen in die Terrarienecken zu schrauben, um diesen schwächsten Punkt des Beckens zusätzlich zu schützen. Ich pflegte in Terrarien dieser Art unter anderem Degus (*Octodon degus*) und Feldhamster (*Cricetus cricetus*) – beides Arten, die als extrem nagefreudig gelten. Ein weiterer Vorteil von Holzterrarien: Durch die passende Wahl des Holzdekors kann ein solches Becken gut zur restlichen Wohnungseinrichtung passen.

Für besonders bewegungsbedürftige Tiere wie beispielsweise Fledermäuse oder Baumhörnchen

Schön eingerichtetes Holzbecken für Türkei-Stachelmäuse (*Acomys cilicicus*).

reichen die genannten Terrarientypen nicht aus. Da mehrere Quadratmeter Fläche bei entsprechender Höhe umbaut werden müssen, können diese Tiere lediglich in „Halbzimmerterrarien" gehalten werden. Dazu wird das Großterrarium direkt an die vorhandenen Zimmerwände angebaut. Das Baumaterial kann in diesem Fall Holz oder Stein sein, in der zum restlichen Zimmer zeigenden Vorderseite installiert man große Schiebescheiben und Lüftungsflächen (s. „Terrarienbau").

Häufig werden im Handel zudem **Plastikterrarien** (so genannte „Fauna Boxen") angeboten. Diese Behältnisse aus Hartkunststoff haben ziemlich kleine Ausmaße, die kaum einem Kleinsäuger gerecht werden. Trotzdem empfehle ich den Kauf eines oder mehrerer solcher Plastikterrarien, da sie beim Transport von Kleinsäugern (z. B. zum Tierarzt) oder bei der kurzzeitigen Trennung einer Gruppe bzw. beim „Ausmisten" gute Dienste leisten können. Zur dauerhaften Haltung sind Plastikterrarien jedoch nicht geeignet.

Aber nicht nur die Bauart des Terrariums ist wichtig, sondern auch seinen Ausmaßen und seinem Format muss man natürlich Beachtung schenken. Diese Faktoren sind je nach Art anders und hängen von dem Verhalten und Lebensraum der Tiere ab (s. „Artenteil"). Und nicht zuletzt spielt auch die Anzahl der zu haltenden Tiere eine wichtige Rolle. Informieren Sie sich daher genau über Ihr neues Heimtier und planen Sie eventuell auch Platz für Nachzuchten von Anfang an mit ein.

## TERRARIENBAU

Wie bereits erwähnt, gibt es durchaus die Möglichkeit, mit etwas handwerklicher Geschicklichkeit Kleinsäuger-Terrarien selbst zu bauen. So kann der Halter die Maße nicht nur den Ansprüchen der von ihm gehaltenen Tierart, sondern auch den Gegebenheiten in seiner Wohnung anpassen. Ich kann in diesem Buch aus Platzgründen nur einen sehr kurzen Abriss über den Bau von Terrarien geben, wei-

Blick in ein selbst gebautes, anderthalb Quadratmeter großes Holzterrarium für Vierzehen-Pferdespringer (*Allactaga tetradactyla*); die Balken wurden mit Maschendraht gegen Benagen geschützt.

tere Hilfestellungen erhalten Sie bei erfahrenen Kleinsäuger-Haltern, im Internet oder in der RODENTIA (s. „Adressen").

Am besten ist es, sich vor dem eigentlichen Bau die Maße der einzelnen benötigten Platten genau auszurechnen. Dabei muss man an einigen Stellen natürlich die Stärke der Platten berücksichtigen. Um möglichst passgenaue Platten zu bekommen, empfehle ich, sie in einer Tischlerei oder einem Baumarkt millimetergenau zuschneiden zu lassen – schon zwei Millimeter Spiel sind ausreichend als Ansatzpunkt für Nagerzähne! Lediglich die Öffnungen für Lüftungen müssen ggf. selbst hineingesägt werden. Es empfiehlt sich, die Lüftungsbleche (Aluminiumlochbleche, erhältlich im Terraristik-Fachhandel, s. o.) schon jetzt einzuschrauben, da dies später im aufgebauten Zustand einen deutlich größeren Auswand erfordern würde. Die Lüftungsbleche müssen natürlich auf der späteren Innenseite der Bretter befestigt werden! Sollen die Sägeflächen am Holzterrarium nicht zu sehen sein, muss auf die später sichtbaren Schnittflächen (also die vier nach vorne zeigenden) Umleimer aufgebügelt werden; dies geschieht ebenfalls am besten schon vor dem Zusammenbau.

Nach dem gefertigten Bauplan werden die Platten nun vorgebohrt und dann zusammengeschraubt. Die Innenkanten des so entstandenen Kastens spritzt man anschließend mit Silikon aus und schraubt im Falle von Nagern als späteren Bewohnern zusätzlich metallene Möbelecken in die hinteren beiden Ecken ein. An der noch offenen Vorderseite werden unten und oben die Glasführungsprofile (E-Profile aus Kunststoff oder Aluminium) mit Silikon eingeklebt. Dabei gehört die tiefere Führungsschiene nach oben!

Den „Scharrschutz", einen etwa 10 cm hohen Glassteg, bringt man direkt dahinter mit Silikon an.

Nach dem eintägigen Trocknen können die Schiebescheiben eingesetzt werden. Ich empfehle, die Maße für die Scheiben direkt am fertigen Terrarium zu nehmen, da es ansonsten zu unangenehmen Überraschungen kommen kann. Die Scheiben müssen nämlich, wenn sie bis zum Anschlag in die obere Leiste eingeführt wurden, noch über (!) den Rand der unteren passen, um richtig eingesetzt zu werden! So vermessene Scheiben können zur Reinigung des Beckens (wie bei einem Glasterrarium) herausgenommen werden. Am besten schauen Sie sich vor dem ersten Selbstbau einmal Glas- oder Holzterrarien ähnlicher Bauart an oder lassen sich von erfahrenen Hobby-Terrarienbauern unter die Arme greifen. Der Bau von Glasterrarien lohnt im Allgemeinen wegen des großen Aufwands und der oft günstigen Preise fertiger Becken nicht.

## DIE BELÜFTUNG

Gelegentlich wird Gaze oder „Fliegendraht" für den Bau von Terrarien verwendet. Diese sind aber für die meisten Kleinsäuger ungeeignet. Viele Nager finden meist schon in der ersten Nacht den Weg durch das wenig belastbare Material, und selbst Kleine Igeltanreks (*Echinops telfairi*) und andere Insektenfresser haben wenig Mühe, mit ihren Krallen eine so bestückte Lüftung zu zerstören. Daher greift man besser auf die bereits erwähnten rostfreien Aluminiumlochbleche für Kleinsäugerterrarien zurück. In Holzterrarien kann auch Vierkantdraht für die „Vergitterung" der Lüftungen eingesetzt werden. Grundsätzlich gilt: Die Maschenweite der Lüftungsgitter muss so klein sein, dass die gehaltenen Tiere ihren Kopf nicht hindurchstecken können. Zudem sollte darauf geachtet werden, dass die Zehen der Kleinsäuger nicht in den Öffnungen der Lüftungsgitter (v. a. Lochbleche!) hängen bleiben und somit verletzt werden können.

Genauso wichtig wie das Material, aus dem die Lüftungen hergestellt werden, ist ihre Größe. Denn sie haben nicht nur die Aufgabe, die Kleinsäuger mit Frischluft zu versorgen, sondern sind auch ein Faktor bei der Einstellung des Terrarienklimas vor allem tropischer Tiere. So soll bei Kleinsäugern aus heißen Wüsten oder tropischen Regenwäldern der Luftstrom durch das Becken nicht zu groß sein, um

Die Lüftung ist bei speziellen Kleinsäuger-Terrarien vertikal in der Vorderseite des Beckens installiert, am Boden befindet sich ein Glassteg, der ein Einscharren der Schiebescheiben-Führungen verhindern soll.

die Temperatur und im zweiten Fall auch die Luftfeuchtigkeit halten zu können. In den meisten Fällen hat es sich bewährt, 5–10 % der Fläche der Terrarienvorderseite und ebensoviel Fläche der Terrariendecke als Lüftung zu gestalten. Dabei ist es wichtig, dass die Lüftungsflächen „vorne unten" und „hinten oben" sind, da so ein stetiger sanfter Luftstrom entsteht – und keine Zugluft.

Die genannten Werte werden bei Glasterrarien meist erreicht, manchmal sind die Lüftungen für Wärme liebende Tiere allerdings noch zu groß. In diesem Fall kann man Teile der oberen Lüftungsfläche z. B. mit einer Glasscheibe abdecken. Vor allem vor dem Bezug des Terrariums durch Wärme liebende Kleinsäuger wie beispielsweise Langohrigel (*Hemiechinus auritus*) oder Goldstachelmäuse (*Acomys russatus*), aber natürlich auch sonst

Ein „übersichtlich" eingerichtetes Becken bietet nur wenig Lauffläche (hier 4.000 cm²). Zum Vergleich: das „vollgestopfte" Becken gleicher Größe auf Seite 19 bietet viel mehr Platz zum Laufen (ca. 6.500 cm²). Hier auch gut zu sehen: Eine außerhalb des Terrariums angebrachte Tränke, ermöglicht einen problemlosen Wasserwechsel.

Diese Art der natürlichen Gestaltung des künstlichen Lebensraums Terrarium hat für die Kleinsäuger und auch für den Halter Vorteile. Für die Tiere ist solch ein abwechslungsreicher „Abenteuerspielplatz" natürlich eine ideale Voraussetzung für einen abwechslungs- und bewegungsreichen Alltag. Nicht nur, dass bei einer natürlichen Einrichtung kaum Stereotypien auftreten und die Tiere durch das tägliche „Fitnessprogramm" länger gesund bleiben, der Halter hat auch viel mehr Freude beim Beobachten der Tiere – auch wenn diese natürlich nicht so einfach auszumachen sind wie in einem eintönig eingerichteten Becken. In Terrarien mit angereicherter Einrichtung zeigen Kleinsäuger nämlich eher ihr gesamtes Verhaltensrepertoire.

Um noch mit einem Vorurteil aufzuräumen: Ein „vollgestopftes" Terrarium bietet bei richtiger Strukturierung den Tieren nicht weniger Platz! Im Gegenteil: Durch die Ausnutzung der dritten Dimension in Form von Ästen, Sitzbrettern, hohlen Korkröhren oder Unterständen vergrößert sich die Lauffläche im Terrarium enorm! Dabei darf man natürlich nicht übertreiben: Die Tiere müssen sich in dem Terrarium auch noch bewegen können und überall durchpassen, ohne hängen zu bleiben.

So empfiehlt es sich, immer die natürlichen Lebensräume der gehaltenen Tiere im Hinterkopf zu behalten! Einem Bewohner der nahezu „freien" Wüstenlandschaft wie beispielsweise den Springmäusen (*Jaculus*) sollte man den Platz nicht durch Äste verstellen, auf denen sie ohnehin kaum zu klettern vermögen. Aber auch bei solchen Tieren kann man den künstlichen Lebensraum z. B. durch Tonröhren oder Steine sowie Trockengras-Soden anreichern!

Kleinsäuger brauchen Versteckmöglichkeiten, um sich ungestört zurückzuziehen, wie diese Afrikanischen Zwergschläfer (*Graphiurus* sp.).

Bei der Einrichtung sollte zudem natürlich das Verhalten der Tiere berücksichtigt werden. Kletternde Arten benötigen viele Äste, während bodenbewohnende oder gar wühlende Arten damit weniger gut etwas anfangen können.

Ein weiterer wichtiger Punkt ist die Vermeidung von Verletzungsmöglichkeiten bei der Einrichtung: Gegenstände mit spitzen Kanten oder aus giftigen Materialien dürfen nicht ins Terrarium gelangen. Auch bei der Befestigung der Einrichtungsgegenstände ist Vorsicht geboten: Nägel, Schrauben und Drahtenden müssen vor dem Besatz des Beckens auf ihre Gefährlichkeit hin überprüft und ggf. „entschärft" werden. Zudem muss der Aufbau natürlich stabil sein und darf nicht unter der Last der turnenden Kleinsäuger zusammenbrechen!

Lassen Sie Ihrer Fantasie bei der Einrichtung Ihres Terrariums ruhig freien Lauf, Sie werden nach kurzer Zeit feststellen, was den Tieren gefällt und

was nicht – dann können Sie entsprechend „umbauen". Ohnehin ist die regelmäßige Neustrukturierung der Einrichtung eine sinnvolle Aufgabe für den Halter, denn so ändert sich die Umgebung der Kleinsäuger immer wieder einmal ein wenig, was wiederum für Abwechslung sorgt. Der völlige Austausch aller Einrichtungsgegenstände sollte aber möglichst vermieden werden, da dieser einen immensen Einschnitt für die gehaltenen Kleinsäuger bedeuten würde, vor allem, wenn es sich um Arten handelt, die Territorien bilden. In solchen Fällen kann ein Totalumbau sogar zu Streitereien in der Gruppe führen. Bei wühlenden Arten sollte der Austausch der Einrichtung bzw. der Einstreu stets vorsichtig vollzogen werden, da man sonst die gewohnten Gänge zerstört.

Es darf natürlich nicht verschwiegen werden, dass die Reinigung auf diese Weise eingerichteter Becken deutlich schwieriger ist. Trotzdem sollte man den Tieren mindestens einige Einrichtungsgegenstände „gönnen" – sie werden es Ihnen durch ein interessantes Verhalten danken!

Apropos Hygiene: Vor dem Einbringen von Gegenständen, die aus der Natur stammen, sollten diese so gut wie möglich gesäubert werden. Zwar sind nur die wenigsten der gehaltenen Tiere empfindlich, was Mikroorganismen angeht, trotzdem ist dies eine sinnvolle Vorsichtsmaßnahme, um beispielsweise Parasiten aus dem Becken fern zu halten. Steine beispielsweise können mit einer Bürste gereinigt und abgekocht, Äste im Backofen (10–15 min bei 200 °C) oder mit einem Dampfreiniger erhitzt werden. Kleinere Gegenstände lassen sich zudem in der Mikrowelle „desinfizieren". Trotzdem können in seltenen Fällen Parasiten ins Terrarium gelangen, die dann vom Tierarzt oder Halter bekämpft werden müssen – dies ist aber die Ausnahme. Das Terrarium selbst kann mit Hilfe von im Zoofachhandel erhältlichen Insektiziden von Parasiten befreit werden.

## Versteckmöglichkeiten

Verstecke gehören zu den wichtigsten Einrichtungsgegenständen im Terrarium. Im Allgemeinen ist es empfehlenswert, mehrere gleichwertige Verstecke anzubieten, sodass die Tiere wählen und sich ggf. einmal aus dem Wege gehen können. Als Verstecke eignen sich neben Holz- und

Keramik-Häuschen, die im Handel erhältlich sind, auch geteilte Kokosnussschalen, halbrunde Holzhöhlen, Tonröhren oder Korkrindenstücke. Werden Tonschalen oder -töpfe verwendet, ist darauf zu achten, dass das Eingangsloch so groß ausgebrochen wird, dass die Tiere ohne Probleme hindurchschlüpfen können. Es ist schon vorgekommen, dass Tiere in Panik ihren Kopf durch ein zu kleines Loch steckten und erstickten. Übrigens kann es vorteilhaft sein, Verstecke wie beispielsweise Häuschen mit zwei Eingängen auszustatten, sodass es den Tieren bei Rangeleien einfacher fällt, den Unterschlupf zu verlassen.

Während wühlende Arten im Allgemeinen bei genügend tiefem Bodengrund keine Verstecke benötigen, müssen Unterschlüpfe für kletternde Kleinsäuger stets erhöht angebracht werden. Dazu eignen sich neben Nistkästen bei kleineren Arten auch Nisthilfen für Webervögel ganz hervorragend.

Korkrindenstücke eignen sich hervorragend als Unterschlüpfe für Kleinsäuger wie diesen Kurzohr-Rüsselspringer (*Macroscelides proboscideus*).

Für kletternde Arten wie dieses Mausopossum (*Thylamys* sp.) sollten passende Äste oder Zweige im Terrarium installiert werden.
Foto: Klaus Rudloff

### Kletterhilfen

Für kletternde Arten sind Äste ein absolutes Muss. Aber auch viele andere Arten (z. B. fast alle Nager) nehmen Äste gerne an; in diesen Fällen dürfen sie allerdings nicht allzu hoch führen, damit sich die ungeübten Tiere bei eventuellen Stürzen

Viele Kleinsäuger lieben Sandbäder, wie dieser Campbell-Zwerghamster (*Phodopus campbelli*).

nicht verletzen. Arten wie kleine Hörnchen oder Kurzkopfgleitbeutler (*Petaurus breviceps*) benötigen sogar ein ganzes System an Kletterästen, die auch mit Sitzbrettern kombiniert werden können. Bei Kleinsäugern, die gleiten oder fliegen, ist zusätzlich darauf zu achten, dass noch genügend freier Luftraum zur Verfügung steht.

### Sandbad

Es ist erstaunlich, wie viele Kleinsäuger gerne im Sand baden. Neben den bekannten „Sandbadern" wie den Rennmäusen (Gerbillinae) und Zwerghamstern (*Phodopus*) lieben dieses Körpersäuberungsritual beispielsweise auch Kurzohr-Rüsselspringer (*Macroscelides proboscideus*) und Kleine Igeltanreks (*Echinops telfairi*). So ist es in vielen Fällen nötig, eine Schale mit Sand regelmäßig in das Terrarium zu stellen – bleibt das Behältnis ständig im Becken, wird es häufig sehr schnell leergewühlt. Man sollte für jedes Terrarium eine eigene Schale und eigenen Sand benutzen, um eventuell vorhandene Parasiten nicht weiter zu verbreiten. Besonders gut bewährt hat sich übrigens eine Mischung aus zwei Dritteln Vogelsand und einem Drittel feinem Chinchillasand sowie ggf. zusätzlich noch etwas Talkumpuder.

## PFLEGEMASSNAHMEN

Die täglichen Pflegemaßnahmen in einem Kleinsäuger-Terrarium sind nicht sonderlich zeitaufwändig. Dazu gehören die Kontrolle der Tiere und der Tech-

Schilfwühlmäuse (*Microtus fortis*) benötigen sehr viel Gemüse auf dem täglichen Speiseplan.

Auch Große Wüstenspringmäuse (*Jaculus orientalis*) sind Körnerfresser, nehmen aber lieber sehr kleine Pflanzensamen.

sorgung mit Eiweiß sorgt. Diese Tiere zeichnen sich häufig durch einen sehr schnellen Stoffwechsel aus und produzieren dementsprechend große Mengen meist breiigen Kots.

Kleinsäuger, die sich hauptsächlich von Körnern, Insekten oder Fleisch ernähren, können regelmäßig Obst erhalten, um eine natürliche Vitaminquelle bereitzustellen. Dazu sind vor allem „milde" Obstsorten wie Äpfel, Birnen, Melonen oder Bananen geeignet.

Angebotenes Obst sollte stets wirklich reif sein, da es sonst im Allgemeinen nicht gefressen wird. „Reif" bedeutet in diesem Fall nicht die im Obst- und Gemüsehandel übliche Definition – Mitarbeiter solcher Läden würden bei Obst, das zum Verfüttern hervorragend geeignet ist, wohl „überreif" sagen. Das bedeutet, dass für Kleinsäuger gekauftes Obst meist noch einige Tage nachreifen muss, bis es wirklich süß schmeckt (auch wenn es dann schon etwas schrumpelig aussieht). Achten Sie beim Kauf zudem auf möglichst naturbelassenes, nicht gespritztes Obst, oder schälen Sie es bei empfindlichen Arten.

Kleinsäuger, die hauptsächlich **Grünfresser** („Weidetiere") sind, gibt es eher selten. Beispiele sind die wilden Meerschweinchen, die in freier Natur lediglich Sämereien von Gräsern mit dem ganzen Halm fressen. Jedoch benötigen viele Nager und andere Kleinsäuger Grünzeug regelmäßig, um

Kein obligatorischer Fruchtfresser: Kleine Igeltanreks (*Echinops telfairi*) nehmen häufig nur in der Wachstumsphase süßes Obst an – und erhalten damit wichtige Vitamine.

beispielsweise eine Quelle für Vitamine zu haben. Bevorzugt werden von vielen Tieren Wildkräuter und Gräser, die man unter Wahrung des Natur- und Artenschutzes an unbelasteten Stellen in der wärmeren Jahreszeit sammeln kann. Diese natürliche Nahrung enthält sehr viele Vitamine – deutlich mehr als käufliches Gewächshausgemüse! Zur Abwechslung und in der kühlen Jahreszeit kann man zudem Gemüse reichen; vor allem Gurken und Karotten sowie Paprika, Feld- und Römersalat eignen sich gut für die Ernährung von Kleinsäugern. Kohl, Bohnen, frische Erbsen sowie Kartoffeln sollten den meisten Tieren nicht angeboten werden, da diese

Gemüse teilweise toxische Wirkung zeigen. Tomaten und Kopfsalat haben ein vergleichsweise ungünstiges Kalzium-Phosphor-Verhältnis und sollten daher nicht zu häufig verfüttert werden.

Bei sehr vielen der vorgestellten Arten ist zudem Heu ein sehr wichtiger Bestandteil der Nahrung, da er große Anteile an Rohfaser enthält und somit für eine ausgeglichene Ernährung und festen Kot sorgt. Abgesehen von der ernährungsphysiologischen Seite ist Heu zudem ein häufig genutztes Nestbaumaterial und kann bei einigen Tieren so für rege Beschäftigung sorgen.

## INSEKTENFRESSER

In den letzten Jahren steigt die Beliebtheit von insektenfressenden Kleinsäugern immens an. Nach Amerika, wo Weißbauchigel (*Atelerix albiventris*) inzwischen ein geradezu übliches Heimtier sind, schaffen es die Stacheltiere nun auch in immer mehr deutsche Wohnzimmer. Auch die begehrten Kleinen Igeltanreks (*Echinops telfairi*) finden einen ständig wachsenden Halterkreis.

Die Ernährung dieser Tiere ist

Auch Wüstenigel (*Paraechinus aethiopicus*) ernähren sich unter anderem von Heuschrecken.

gar nicht so schwer, wie man vielleicht denkt. Durch die immer größer werdende Zahl der Halter von Reptilien sind inzwischen in fast allen gut sortierten Zoogeschäften oder per Versandhandel lebende (oder tote) Insekten zu erhalten. Meistens werden Grillen, Heimchen, Mehlwürmer, *Zophobas*-Larven, Heuschrecken und Schaben angeboten. Diese Tiere eigenen sich hervorragend für eine naturnahe Ernährung der in diesem Buch vorgestellten Insektenfresser. Im Wechsel mit lebenden Insekten können Regenwürmer, Hackfleisch oder Premium-Katzendosenfutter gereicht werden. Einige Arten der Insektenfresser reagieren mit Durchfall auf die Gabe von zu viel Katzenfeuchtfutter, da dieses zu wenig Ballaststoffe enthält. Für Igel (Erinaceidae) kommen auch Premium-Katzen- oder Frettchentrockenfutter in Frage, das in einigen Fällen eine sehr gute Zusammensetzung aufweist, sodass es dann auch als Grundfutter eingesetzt werden kann. Grundsätzlich bin ich allerdings der Meinung, dass Insektenfresser stets auch Insekten erhalten sollten. Außerdem sind Trockenmischungen für Vögel und Aquarienfische im Spezialhandel erhältlich; die

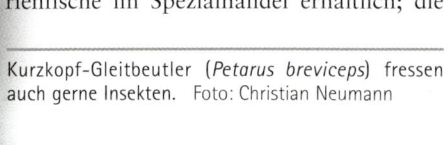

Kurzkopf-Gleitbeutler (*Petarus breviceps*) fressen auch gerne Insekten.  Foto: Christian Neumann

Insektenfresser können z. B. Katzenfeuchtfutter als Abwechslung erhalten, wie dieser Kleine Igeltanrek (*Echinops telfairi*).

Kurzschwanz-Opossums (*Monodelphis domestica*) benötigen Fleisch als Nahrung...

getrockneten Insekten und Süßwasserkrebschen dieser Mischungen müssen nur mit Wasser angerührt werden.

Einige Insektenfresser können gelegentlich etwas Obst erhalten, ansonsten sollten die Vitamine aus den angebotenen Insekten stammen; den Vitamin- und Nährstoffgehalt der Insekten sollte man unbedingt durch entsprechende Fütterung (z. B. mit Äpfeln oder frischem Gras) erhöhen.

Kurzohr-Rüsselspringer (*Macroscelides proboscideus*) nehmen neben Insekten auch Obst und Grünzeug zu sich. Für viele Nager und auch für Fleischfresser ist die gelegentliche Gabe von Insekten eine gute Ergänzung der Nahrungspalette.

## FLEISCHFRESSER

Die Zahl der im Terrarium haltbaren fleischfressenden Säugetiere ist recht gering. Als Nahrung dienen hier vor allem Mäuse sowie zusätzlich Hackfleisch, Eintagsküken, Geflügelteile sowie gelegentlich Katzenfutter. Die Verfütterung von Nagern ist bei Kurzschwanzopossums (*Monodelphis domestica*) und Kowaris (*Dasyuroides byrnei*) unumgänglich, da diese Ernährung der natürlichen am nächsten kommt. Dabei ist wiederum darauf zu achten, dass die verfütterten Mäuse zuvor ausgewogen ernährt wurden und dem Raubtier somit alle wichtigen

Nährstoffe zugeführt werden. Ersatzfuttermittel wie Hackfleisch und Katzenfutter haben meist eine für diese Tiere nicht ideale Zusammensetzung, zudem sind sie zu weich, sodass die Zähne der Fleischfresser kaum benutzt werden müssen. Eintagsküken und Geflügelteile sind ebenfalls nur Ergänzungsfuttermittel, die zur Abwechslung gereicht werden können; es ist immer zu beachten, dass mit der Verfütterung von Geflügel die Gefahr einer Salmonellen-Infektion ansteigt. Nach dem Fressen von Geflügel ist zudem der Kot der Raubtiere häufig breiig.

Tiefgefrorene Nager und Küken erhalten Sie im Terraristikfachgeschäft oder vom spezialisierten Züchter.

## WASSER

Wasser ist für alle Lebewesen essenziell, und so versteht es sich von selbst, dass fast alle Tiere im Terrarium die Möglichkeit haben müssen, Wasser aufzunehmen. Im Allgemeinen geschieht dies durch eine Nippeltränke oder einen standfesten Wassernapf. Nippeltränken haben den Vorteil, dass das Wasser darin länger frisch bleibt, während Wassernäpfe täglich frisch aufgefüllt werden müssen. Bei wühlenden Arten kommt ein Wassernapf nicht in Betracht, da dieser ständig umgeworfen würde. Grundsätzlich hat Wasser ad libitum (also ständig) vorhanden zu sein.

Bei einigen Bewohnern trockener Lebensräume ist es auch möglich, den Wasserhaushalt – quasi auf natürliche Art und Weise – mit Grünzeug (wiederum ad libitum) zu decken. Allerdings muss dann täglich das gereichte, nicht verzehrte Grünzeug eingesammelt und durch neues ersetzt werden. Diese Praxis funktioniert beispielsweise ohne Probleme bei den Zwerghamstern den Gattung *Phodopus*, Vielstreifen-Grasmäusen (*Lemniscomys barbarus*), Rennmäusen (Gerbillinae) oder Springmäusen der Gattung *Jaculus*. Im Normalfall schadet eine Tränke aber nicht!

## NAGEMATERIAL

Der größte Teil der in Terrarien gehaltenen Kleinsäuger sind Nagetiere. Ihre Schneidezähne wachsen ein Leben lang unaufhörlich weiter. Die „normale" Länge, wie sie für eine geregelte Nahrungsaufnahme nötig ist, wird lediglich durch die Abnutzung der Zähne erreicht. Diese Abnutzung geschieht in der freien Natur von ganz allein, da Futter beispielsweise erst von der Schale befreit werden muss oder die Tiere beim Bau unterirdischer Gänge Wurzeln durchtrennen. Um in Menschenhand gehaltenen Nagern ebenfalls die Mög-

Stark nagenden Kleinsäugern müssen Nagehölzer angeboten werden – das Bild zeigt eine Nil-Grasratte (*Arvicanthis niloticus*).

lichkeit zu geben, ihre Zähne abzunutzen, sollten sie ständig Nagematerial im Terrarium haben. Bei einer naturnahen Einrichtung und Fütterung ist dies normalerweise ohnehin der Fall, ansonsten sollten regelmäßig Äste oder trockenes Brot gegeben werden. Besonders frische Äste von Haselnuss und Obstbäumen werden gerne angenommen und sind zudem ungiftig.

# ERWERB

Mit dem Erwerb eines oder mehrere Kleinsäuger übernimmt der Käufer die Verantwortung für diese Tiere – das sollte jedem Halter stets bewusst sein. Daher verbieten sich auch so genannte

Selbst Bewohner trockener Regionen trinken manchmal Wasser, wie dieser albinotische Weißbauch-Igel (*Atelerix albiventris*).

Spontankäufe von Einsteigern in dieses Hobby, denn ein gewisses Maß an Informationen über die zu pflegende Art ist schon nötig, um eine tiergerechte Haltung über die gesamte Lebensspanne des Terrarienbewohners hinweg zu gewährleisten!

Bevor Sie sich für einen Kleinsäuger entscheiden, sollten Sie sich folgende Fragen stellen:

### FRAGEN VOR DEM KAUF

- Tolerieren Ihre Mitbewohner die Haltung von Kleinsäugern, deren eventuelle Futtertiere und die manchmal unvermeidliche Geruchsbelästigung?
- Reagiert keiner in der Familie allergisch auf Tierhaare?
- Haben Sie die nötige Zeit, um die notwendige Pflege und Beschäftigung zu gewährleisten, und das nötige Geld, um die Kosten für Terrarium, Ausstattung, Futter und Energie zu tragen?
- Verfügen Sie über einen „rauchfreien", ausreichend temperierten Raum, in dem das Terrarium aufgestellt werden kann?
- Haben Sie ausreichend Platz, um das je nach zu pflegender Art recht große Terrarium unterzubringen?
- Haben Sie einen vertrauenswürdigen Pfleger für die Urlaubszeit?
- Sind Sie bereit, die teilweise immensen Tierarzt-Kosten für die Behandlung kranker Kleinsäuger zu tragen und ggf. weite Strecken für die Fahrt zu einem Spezialisten in Kauf zu nehmen?

Wenn Sie alle Fragen mit „ja" beantworten können, steht dem Kauf von Terrarium und Zubehör und kurz darauf der Kleinsäuger eigentlich nichts im Wege.

Bei der Auswahl der Tiere sollte das Hauptaugenmerk natürlich auf gesunden Exemplaren liegen; woran Sie gesunde Kleinsäuger erkennen, erfahren Sie im Kapitel „Gesunderhaltung". Achten Sie beim Kauf zudem stets darauf, ob es sich um Wildfänge oder Nachzuchten handelt, da der Natur entnommene Tiere in der Eingewöhnungsphase sehr empfindlich auf verschiedenste Außenfaktoren reagieren oder Krankheiten und Parasiten tragen können. Nachzuchten sind also immer vorzuziehen, oft auch aus Erwägungen des Artenschutzes.

Weiterhin sollten Sie sich die Frage stellen, welcher „Haltungstyp" Sie sind. Wenn Sie viel Wert auf ein „ästhetisches" Terrarium als Blickfang legen, sollten Sie von den stark wühlenden Arten und den meisten Rennmäusen Abstand nehmen, denn bereits

nach einer Nacht erkennt man das liebevoll gestaltete Becken kaum wieder. Bitte bedenken Sie auch diesen Punkt genau, damit nicht das erste Zusammentreffen zwischen Ihnen und den neuen Hausgenossen in einer kompletten Enttäuschung endet.

## WIE VIELE TIERE?

Durch die Informationen, die Sie vor dem Kauf der Tiere gesammelt haben, sollten Sie wissen, welches Sozialverhalten die Tierart zeigt, die Sie pflegen

Kleinsäuger müssen in artgerechten Konstellationen gehalten werden, Langohrigel (*Hemiechinus auritus*) beispielsweise sind Einzelgänger, ...

...während Kap-Borstenhörnchen (*Xerus inauris*) in Gruppen gepflegt werden sollten.

möchten. Dies ist bei der Haltung von Kleinsäugern ein sehr wichtiger Punkt – ähnlich wichtig wie die Frage nach der Ernährung beispielsweise. Wird nämlich eine solitär (einzelgängerisch) lebende Art mit einigen Artgenossen vergesellschaftet, so kommt es ständig zu Streit und Reibereien, im schlimmsten Fall sterben alle Tiere bis auf eines aufgrund von Verletzungen oder dauerhaft erhöhten Stresshormon-Konzentrationen. Die Einzelhaltung von Gruppentieren wiederum führt schnell zu Stereotypien oder anderen Verhaltensauffälligkeiten bis hin zur Selbstverstümmelung. Außerdem gibt es noch „Abstufungen" zwischen einzeln und in Gruppen lebenden Tieren, bei einigen Arten empfiehlt sich beispielsweise die paarweise Haltung oder die Haltung im Harem. Eine artgerechte Gruppenstruktur ist für die vollständige Ausführung des Verhaltensrepertoires nötig! Angaben zum Sozialverhalten der einzelnen Kleinsäuger-Arten finden Sie im „Artenteil".

## WOHER BEKOMME ICH KLEINSÄUGER?

Meist führt der erste Weg in den spezialisierten **Zoofachhandel**. Und tatsächlich existieren inzwischen einige gut sortierte Fachgeschäfte, in denen kompetent beraten wird. Dort findet der Halter neben den Tieren oft auch das passende Terrarium und die nötige Technik zur Haltung der Kleinsäuger sowie das passende Futter. Doch gibt es in der Branche auch einige „schwarze Schafe", die unbedarften Anfängern einen mit Parasiten beladenen Wildfang einer Art anzudrehen versuchen, die bestenfalls in Spezialistenhände gehört. Besuchen Sie daher am besten mehrere Geschäfte und schauen Sie sich die Unterbringungen der Tiere genau an! Adressen von Kleinsäuger- bzw. Terraristik-Fachgeschäften finden sich im Internet oder in den einschlägigen Fachzeitschriften wie RODENTIA (s. „Adressen").

Mit ein bisschen Mühe lässt sich meist auch ein erfahrener **Züchter** finden, beipsielsweise über die Kleinanzeigen der RODENTIA. Ein Besuch beim Züchter selbst ist nämlich immer das Beste beim Kauf eines Kleinsäugers! So hat der zukünftige Halter einen guten Einblick in die Haltung der Elterntiere und auch nach dem Kauf stets einen Ansprechpartner mit langjähriger Erfahrung, der bei Problemen eventuell weiterhelfen kann. Ein verantwortungsbewusster Züchter steht nämlich auch nach dem Kauf für Fragen bereit! Und sicher kann Ihnen der Züchter auch einige spezielle Tipps geben, da er sich schon seit Jahren mit diesen Tieren beschäftigt.

Nachzuchttiere, wie diese Persischen Rennmäuse (*Meriones persicus*), sind stets einfacher einzugewöhnen als Wildfänge.

Außerdem gibt es seit kurzem **Kleinsäugerbörsen**, auf denen Händler und Züchter gleichermaßen nebeneinander ihre Tiere anbieten. Hier hat der Käufer eine besonders große Auswahl an Tieren und Zubehör, sodass er Preise und Gesundheitszustand vergleichen kann. Besonders gut eignen sich manche Börsen, um Kontakte zu erfahreneren Terrarianern zu knüpfen. Allerdings hat man auf diesen Veranstaltungen natürlich nicht die Möglichkeit, die bisherigen Haltungsbedingungen der Tiere einzusehen. Termine für Kleinsäugerbörsen werden meist in der RODENTIA und anderen Tierzeitschriften veröffentlicht.

## WILDFANG ODER NACHZUCHT?

Diese Frage stellt sich - dank steigender Nachzuchtzahlen - immer häufiger. Sicherlich ist es in der Regel besser, Nachzuchten zu erwerben. Nicht nur, weil dadurch die natürlichen Populationen geschont werden, sondern auch, weil Nachzuchten bei der Haltung häufig wesentlich weniger Probleme bereiten. Im Terrarium geborene Kleinsäuger kennen die Bedingunegn in Menschanhand von klein auf und benötigen daher kaum Zeit für die Eingewöhnung. Auch werden Nachzuchten i. d. R. schneller zahm. Außerdem besteht bei Nachzuchten ein deutlich geringeres Risiko, dass Parasiten in den Bestand eingeschleppt werden (s. „Quarantäne"). Alle diese Gründe sprechen für den Kauf von Nachzuchten - wenn es sie bei der entsprechenden Art schon gibt. Leider steckt die Zucht bei vielen Kleinsäugern noch in den Kinderschuhen, so das Halter mehr oder weniger auf Wildfänge angewiesen sind.

Allerdings gibt es auch Gründe, Wildfänge zu erwerben: Bei der Natur entnommenen Tieren kann man sich sicher sein, blutsfremde Tiere zu bekommen und somit inzuchtgefährdete Bestände genetisch auffrischen. Dazu sind allerdings nur einige wenige Importe nötig, Massenimporte, wie sie auch heute noch gelegentlich getätigt werden, würden bei einem ordentlichen Zuchtmanagement in Kürze überflüssig. Bleibt zu hoffen, dass in Zukunft mehr Halter aus diesen Gründen wert auf die Nachzucht legen.

Kleinsäuger sollten in kleinen Plastikterrarien nach Hause transportiert werden.

## TRANSPORT NACH HAUSE

Erworbene Kleinsäuger lassen sich am besten in tragbaren Plastikterrarien („Fauna Boxen") nach Hause transportieren. In dem Transportbehälter sollten sich auf jeden Fall eine saugfähige Einstreu und eine Versteckmöglichkeit befinden, damit der Transport für die Tiere so wenig Stress wie möglich bedeutet. An kalten Tagen ist es bei Wärme liebenden Arten sinnvoll, das Plastikbecken auf eine Wärmflasche zu stellen, damit die Tiere nicht zu sehr auskühlen und sich dadurch ggf. eine Erkältung zuziehen. Zur Vermeidung von Zugwind ist eine Abdeckung mit einem Tuch ratsam. Bei sehr scheuen bzw. nervösen Kleinsäugern empfiehlt sich ebenfalls die blickdichte Abdeckung des Transportbehälters mit einem Tuch, um Verletzungen durch Kollisionen mit den Behälterscheiben zu verhindern. Bei stark nagenden Kleinsäugern sollte man den Plastikdeckel der Transportgefäßes mit einer Drahteinlage von Zerstörung schützen.

Besonders in der Eingewöhnungszeit sollten Kleinsäuger genauestens beobachtet werden.

# EINGEWÖHNUNG

## QUARANTÄNE

Sollten bereits Kleinsäuger in Ihrem Haushalt leben, so ist es vor allem bei Wildfängen wichtig, eine Quarantänezeit einzuhalten. Dazu werden die Tiere in einem passend eingerichteten Terrarium untergebracht, das möglichst nicht in einem Raum steht, in dem bereits andere Kleinsäuger leben. So soll vermieden werden, dass Außen- oder Innenparasiten sich im Bestand ausbreiten. Natürlich dürfen aus diesem Grund auch keine Einrichtungsgegenstände, Kotpinzetten oder Ähnliches, das im Quarantäneterrarium zum Einsatz kam, in den anderen Becken benutzt werden. Die größte Übertragungsgefahr ist aber der Mensch (sprich: der Halter) selbst: An den Händen können Bakterien oder Parasiten von einem Becken zum anderen verschleppt werden. Achten Sie daher auf Hygiene und benutzen Sie im Zweifelsfall ein Desinfektionsmittel zur Reinigung der Hände nach Tätigkeiten im Terrarium.

Achten Sie in den ersten Tagen verstärkt auf Parasiten. Außenparasiten, die im Fell der Terrarientiere leben, kann man auch indirekt entweder an kahlen Hautstellen oder daran erkennen, dass sich das Tier häufig kratzt. Da auch Parasiteneier eingeschleppt worden sein könnten, sollte die Quarantäne mindestens einen Monat dauern. In dieser Zeit wären mögliche Parasiten ausgeschlüpft und könnten nun nachgewiesen werden. Besteht die Befürchtung, dass ein Parasitenbefall vorliegt, sollte das Tier auf jeden Fall einem Tierarzt vorgestellt werden.

In der Quarantänezeit, am besten in den ersten Tagen, wird zudem eine Kotprobe gesammelt und beim Tierarzt abgegeben oder an ein etsprechendes parasitologisches Labor gesandt. Dort wird eine Analyse auf Innenparasiten durchführt. Werden Parasiten festgestellt, muss eine entsprechende Behandlung beim Tierarzt oder nach dessen Weisung durchgeführt werden.

Steht zweifelsfrei fest, dass weder Außen- noch Innenparasiten bei dem Neuankömmling vorkommen, und ist auch keine Krankheit in der Quarantänezeit ausgebrochen, so kann das Terrarium an seinen Bestimmungsort gestellt werden. Traten Krankheiten oder Parasiten auf (was eher selten der Fall ist), so ist die Einrichtung des Terrariums wegzuwerfen und das gesamte Becken gründlich mit Desinfektionsmittel zu reinigen, bevor es erneut besetzt wird.

## DIE ERSTEN WOCHEN

Die ersten Wochen im neuen Terrarium sind sowohl für den Halter als auch für den Kleinsäuger sehr wichtig. Während der Halter viel Zeit mit Beobachtungen verbringen sollte, um herauszufinden, ob sich der Pflegling gut einlebt, wird sich der Kleinsäuger vor allem damit beschäftigen, seinen neuen künstlichen Lebensraum zu erkunden. In den ersten Tagen ist es häufig der Fall, dass man die Terrarienbewohner besonders oft und lange sieht – auch außerhalb der üblichen Aktivitätszeit; nur wenige Kleinsäuger hingegen sind in der Eingewöhnungszeit eher zurückhaltend und besonders scheu.

Diese ersten Erkundungen der neuen Hausgenossen zu beobachten, kann sehr aufschlussreich sein: Verträgt sich die zusammengeführte Gruppe? Sind alle Tiere aufgeweckt, fressen und trinken sie nach kurzer Zeit? Ergeben sich aus den ersten Beobachtungen ggf. schon Verletzungsgefahren für die Tiere? Kratzen sich die Tiere besonders auffällig oder sieht man Parasiten? Viele solcher Fragen können schon in den ersten Stunden oder Tagen beantwortet werden.

Aber auch in der Folgezeit muss durch genaues Beobachten verfolgt werden, wie sich der Kleinsäuger einlebt, sodass auffällige Verhaltensweisen registriert und richtig gedeu-

Kleinsäuger, wie dieser Wüstenschläfer (*Eliomys melanurus*), erkunden neugierig ihr neues Heim.

tet werden können. Nach dem Stress des Transports entstehen Krankheiten nämlich sehr häufig in den ersten Tagen der Haltung. Auch falsche Gruppenzusammensetzungen fallen besonders in der Eingewöhnungszeit auf. Genaue Beobachtungen können also helfen, Haltungsfehler und Krankheiten von vornherein zu vermeiden!

Abgesehen von den Beobachtungen und dem täglichen Füttern sollten die Neuankömmlinge allerdings weitestgehend in Ruhe gelassen werden. Laute Geräusche oder das Anfassen der Tiere vermeidet man. Mit der neuen Umgebung haben die Tiere erst einmal genug zu tun, da wäre das Fangen und Herausnehmen fehl am Platz! Ich empfehle, erst nach einer Woche vorsichtig mit der Hand den Kontakt zu dem Pflegling aufzunehmen und grundsätzlich Hetzjagden durch das Terrarium zu unterlassen.

Die Eingewöhnung wird Kleinsäugern übrigens deutlich erleichtert, wenn sie etwas Gewohntes in der neuen Umgebung finden. Nehmen Sie daher beispielsweise das Nest oder ein Versteck aus dem Terrarium des Vorbesitzers mit, wenn dies möglich ist. Auch wurden sehr gute Erfahrungen damit gemacht, die Ernährung der Tiere nicht parallel zum „Umzug" umzustellen. Nehmen Sie daher etwas

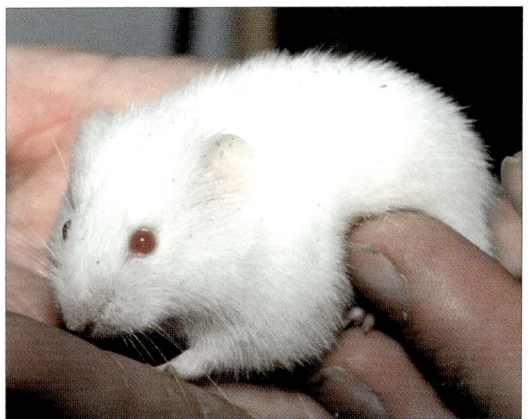

Nach erfolgreicher Zähmung bleibt auch diese albinotische Rötelmaus *(Clethrionomys glareolus)* auf der Hand des Halters sitzen.

Futter für die ersten Wochen vom Vorbesitzer mit, und stellen Sie, falls nötig, im Laufe der Zeit vorsichtig auf anderes Futter um.

## ZÄHMUNG

Einige Kleinsäugerhalter äußern den Wunsch, dass ihre Heimtiere zahm werden sollen, bei anderen steht die Beobachtung eines möglichst natürlichen Verhaltens im Vordergrund. Beides ist sicherlich möglich, sollte aber jeweils nicht übertrieben werden. Die meisten der vorgestellten Tiere sind „Wildtiere", dass sollte jedem Halter bewusst sein. Ein Zähmung ist in vielen Fällen nicht einfach oder gar unmöglich, ohne das Sozialverhalten der Tiere stark zu beeinträchtigen. Allerdings ist eine vernünftige Portion Vertrautheit zum Menschen sehr hilfreich, wenn der Terrarienpflegling einmal zur Gesundheitskontrolle gefangen oder gar beim Tierarzt behandelt werden muss. Es ist übrigens falsch, dass einzeln gehaltene Tiere schneller zahm werden als in der Gruppe gepflegte!

An die Anwesenheit des Menschen gewöhnen sich die meisten Kleinsäuger recht schnell, sodass sie nach einiger Zeit nicht mehr sofort fliehen, wenn eine Person den Raum betritt. Jedoch ist es oft der Fall, dass die Pfleglinge beim Öffnen der Terrarienscheiben in den Verstecken verschwinden. Mit kleinen Leckerbissen lassen sich viele aber recht schnell wieder hervorlocken – überhaupt geht die Zähmung „durch den Magen". Auch das erste freiwillige Beklettern der menschlichen Hand kann durch einen Leckerbissen ausgelöst werden. Hierbei ist es jedoch manchmal sinnvoll, den Leckerbissen *neben* der Hand z. B. mit einer Pinzette anzubieten. Wenn die Tiere die Hand überwiegend mit der Fütterung von Leckerbissen verbinden, kann dies zu unerfreulichen Verhaltensmustern wie unkontrolliertem Beißen in die Finger führen.

Die goldene Regel heißt in diesem Fall: Langsam, Schritt für Schritt muss die Zähmung erfolgen, und das Tier darf dabei nie überstrapaziert werden! Mit etwas Geduld kommen viele Nager bald auf Klopfzeichen oder Zuruf aus ihren Verstecken oder

Streifenhörnchen werden schnell zahm.

klettern Igel in die Hände ihres Besitzers. Allerdings darf nicht verschwiegen werden, dass es auch Individuen gibt, die niemals wirklich zahm werden, dies gilt insbesondere für viele Wildfänge.

## FREILAUF

Nur zahme Kleinsäuger sollten einen Freilauf in der Wohnung bekommen, da sonst das Wiedereinfangen zu einer Tortur für Halter und Tier werden kann. Der Freilauf kann dabei eine interessante Abwechslung zum Terrarien-Alltag sein und dem Tier eine zusätzliche Portion Bewegung verschaffen, die der stereotypen Bewegung in einem Laufrad absolut vorzuziehen ist! Die unbekannten Gegenstände im Zimmer werden meist bereitwillig untersucht, und das Tier erobert nach und nach das ganze Zimmer. Dieses so genannte „Explorationsverhalten" ist für Kleinsäuger ein wichtiger Bestandteil des Verhaltens, der durch den Freilauf ausgelebt werden kann. Der Freilauf kann alle zwei bis acht Tage stattfinden. Bei einigen Tieren halte ich einen häufigen Freilauf in der Wohnung sogar für absolut nötig, um ein natürliches Maß an Bewegung zu erhalten, beispielsweise bei Langohrigeln (*Hemiechinus auritus*).

Bitte beachten Sie aber, dass der Freilauf auch Gefahren mit sich bringt: Das Laufen auf zu kalten Fußböden kann zu Erkältungen oder Blasenentzündungen führen – Teppichboden oder eine Fußbodenheizung können da Abhilfe schaffen. Zudem muss der Raum, in dem der Freilauf stattfindet, kleinsäugersicher (Kabel, Fensterspalte, usw.) sein, um Verletzungen oder eine Flucht zu vermeiden. Bei Nagetieren sind in manchen Fällen zudem Nagespuren an Möbeln oder Tapeten nicht zu verhindern.

Im Sommer kann der Freilauf auch draußen in einem eingezäunten Gelände stattfinden. Dabei ist immer darauf zu achten, dass die Tiere auch eine schattige Rückzugsmöglichkeit haben und Wasser aufnehmen können. An einen solchen Außenaufenthalt müssen die Tiere langsam gewöhnt werden. Für kleinere Tiere ist ein solcher Ausflug ins Freie ebenfalls möglich, jedoch sollte dieser beispielsweise in einem Aquarium mit Deckel passieren. Rennmäuse (Gerbillinae) beispielsweise lieben es, in der Sonne zu baden.

Ägyptische Langohrigel (*Hemiechinus auritus aegyptiacus*) sollten einen regelmäßigen beaufsichtigten Freilauf bekommen.

## ZUCHT

Schon die relative Seltenheit vieler Arten in Menschenobhut macht ihre Nachzucht zu einem sinnvollen Ziel der Kleinsäuger-Haltung. So kann jeder Terrarianer dazu beitragen, dass die Spezies in Menschenhand nicht ausstirbt. Ein weiterer wichtiger Punkt, der regelmäßige Nachzuchten begründet, ist die Vermeidung von Wildfängen. Nur wenn genügend Tiere in Gefangenschaft nachgezogen werden, enden hoffentlich auch die Importe von Wildfängen in absehbarer Zeit!

Paarende Fettschwanz-Rennmäuse (*Pachyuromys duprasi*)

Wenige Tage alte albinotische Weißbauchigel (*Atelerix albiventris*) im Nest

Was aber für die Tiere ein viel wichtigerer Faktor ist: Die Nachzucht ermöglicht es ihnen, ihr gesamtes naturgegebenes Verhaltensrepertoire zu zeigen, denn dazu gehören auch die Paarung und die Aufzucht der Jungen. Allerdings sollte der Halter von Kleinsäugern niemals die Situation der entsprechenden Tierart aus den Augen lassen! Gibt es vielleicht schon so viele Nachzuchten, dass keine verantwortungsvollen Halter mehr gefunden werden können? Besonders bei vermehrungsfreudigen Nagern muss man daher genau abwägen, ob eine Nachzucht in einem solchen Falle noch vertretbar ist. Vielleicht ist eine Trennung der Geschlechter dann die einzig mögliche Lösung.

Gerade bei selteneren Arten, von denen Sie in diesem Buch eine ganze Reihe finden, sollte aber aus den genannten Gründen keine Chance ungenutzt bleiben, eine Vermehrung der Tiere anzustreben! Dabei ist die Vermeidung von Inzucht oberstes Ziel. Kaufen Sie nicht unbedingt Männchen und Weibchen beim gleichen Züchter, sondern setzen Sie, wenn das Verhalten der Art dies zulässt, unverwandte Tiere zusammen. Auch bei bestehenden Zuchtgruppen ist eine gelegentliche „Blutauffrischung" durch neue Männchen eine gute Möglichkeit, um Inzucht zu verhindern.

Werden nämlich über Generationen hinweg immer wieder verwandte Tiere miteinander verpaart, verringert sich der so genannte Genpool der Population. Dabei können also wichtige Gene „verloren gehen". Meist sind Tiere mit solchem Erbgut weniger resistent gegen Krankheiten, viele Weibchen haben Fehlgeburten oder bringen missgebildete Junge auf die Welt. Aus diesen Gründen ist die Zuchtauswahl unverwandter Tiere besonders wichtig! Die Führung eines Zuchtbuches kann in solchen Fällen Gold wert sein.

Suchen Sie am besten schon vor der Zucht nach Abnehmern für die Jungtiere, sodass Sie sicher gehen können, dass die Tiere in guten Händen landen.

Kurzschwanz-Opossums (*Monodelphis domestica*) tragen ihre Jungen auf dem Rücken.   Foto: Christian Neumann

Führen sie Anfänger schon während der Trächtigkeit und bei der Jungenaufzucht vorsichtig an die Tiere heran, damit sie schon frühzeitig ein Gefühl für die Tiere und ihre Bedürfnisse bekommen. Bei vielen Züchtern hat es sich in diesem Zusammenhang zudem bewährt, einen kurzen Merkzettel mit wichtigen Literatur- und anderen Hinweisen für die neuen Halter zu verfassen.

Nach der Paarung der Tiere benötigen die Weibchen viel Ruhe. Ungewohnte laute Geräusche oder Umstrukturierungen in der Gruppenzusammensetzung sollten daher vermieden werden. Stress während der Trächtigkeit kann bei einigen Kleinsäugern nicht nur zu Frühgeburten führen, sondern auch zu aggressiven weiblichen Jungtieren und infantilen männlichen Nachkommen (KAISER & SACHSER 1998)! Am besten ist es, wenn sich der Tagesablauf nun bis zum Entwöhnen der Tiere nicht mehr ändert. Aus den gleichen Gründen haben sich mehrere Versteckmöglichkeiten im Terrarium be-

währt: So kann das Weibchen bei Bedarf in ein eigenes „Wurfnest" umziehen.

Während der Trächtigkeit sollte nun speziell darauf geachtet werden, dass genügend Proteine über das Futter aufgenommen werden. Dies kann man bei den meisten Arten z. B. durch eine gelegentliche Gabe von Mehlwürmern oder anderen Insekten erreichen, falls es sich nicht ohnehin schon um Insekten- oder Fleischfresser handelt. Die Verfütterung von rohem Fleisch an sonst nicht mit Fleisch ernährte Weibchen kann dagegen nach der Geburt vor allem bei Nagern zum Auffressen der Jungen führen und sollte daher unterbleiben.

Auch wenn der Geburtstermin immer näher rückt, ist es ratsam, das Nest nicht ständig nach Jungen zu kontrollieren, denn dies könnte dem Weibchen das Gefühl geben, nicht in Sicherheit zu sein. Als Folge davon kann es zur Tötung der Jungen kommen. Viele Kleinsäuger beginnen wenige Tage vor der Geburt, ihr Nest für das bevorstehende Ereignis vorzubereiten. Daher ist eine ausreichende Menge passender Nistmaterialien im Terrarium wichtig!

Nach der Geburt ist das Weibchen vor allem mit Säugen beschäftigt. Bei Kleinsäugern hat sich in der Zeit nach der Geburt eine Zufütterung von kalziumhaltiger Nahrung bewährt, wie beispielsweise Jogurt, Trockenmilchpulver oder Quark. So wird die Milchproduktion der Mutter unterstützt.

Die Zucht der verschiedenen Säugerarten ist recht unterschiedlich. Genaue Zuchtdaten zu den einzelnen Kleinsäugern finden Sie daher im Artenteil.

# GESUNDERHALTUNG

Kleinsäuger können natürlich krank werden, auch wenn dies bei guter Haltung recht selten vorkommt. Lediglich frische Wildfänge weisen regelmäßig Krankheiten und Parasitosen (Parasitenbefall) auf (s. „Wildfang oder Nachzucht"). In diesem Kapitel werden einige häufigere Krankheiten kurz angesprochen und Anzeichen für diese Erkrankungen beschrieben, damit diese so früh wie möglich erkannt werden können. Genauere Beschreibungen finden sich in der tierärztlichen Spezialliteratur. Da die Behandlung im Allgemeinen ohnehin vom Tierarzt durchgeführt werden muss, werden hier auch keine Dosierungsangaben gemacht.

Das Erkennen von Krankheiten ist bei vielen Kleinsäugern gar nicht einfach. Während domestizierte Heimtiere wie Hund, Katze oder Meerschweinchen vergleichsweise früh Anzeichen für eine Krankheit zeigen, ist dies bei vielen der beschriebenen Wildformen anders. Diese Tiere versuchen in der freien Natur so lange wie möglich zu verbergen, dass sie krank sind, um so die Aufmerksamkeit von Raubfeinden nicht unnötig auf sich zu lenken. So dauert es von den ersten Symptomen bis zum Tod des Tieres oft nicht sonderlich lange – es ist also Eile geboten! Suchen Sie möglichst schnell einen Tierarzt auf, der sich auf die Behandlung von Kleinsäugern versteht (s. u.). Bei den Klein- und Kleinstnagern sowie Spitzmäusen und Fledertieren bleibt dem Halter aber oft nichts anderes übrig, als das verstorbene Tier aus dem Terrarium zu nehmen – der

Verlauf der Krankheit ist häufig einfach zu schnell.

Besonders bei exotischen Kleinsäugern gibt es eine regelrechte Tierarztproblematik, da sich nur äußerst wenige Veterinäre auf die Behandlung dieser Arten verstehen. Schlimmer allerdings ist noch, dass einige Tierärzte Wissenslücken nicht zugeben wollen und Patienten trotzdem annehmen und manchmal „zu Tode therapieren". So sollten Halter von selteneren Kleinsäugern immer vorsichtig hinterfragen, ob der Tierarzt wirklich weiß, was er da macht. Am besten ist es, einen erfahrenen Halter derselben Art um Rat und die Telefonnummer eines entsprechenden Tierarztes zu fragen. Gute Chancen auf einen kompetenten Tierarzt hat man auch bei Zoos und Tierparks, die ähnliche Arten pflegen. Oft gibt es dort einen Zootierarzt, der sich naturgemäß besser auf die Behandlung von „Exoten" versteht als viele seiner Kollegen. Manchmal ist es zudem ganz sinnvoll, wenn man einen in der Nähe praktizierenden Tierarzt frühzeitig darüber informiert, welche Kleinsäuger man pflegt, und ihn bittet, schon einmal vor dem „Fall der Fälle" Erkundigungen über diese Art und ihre Behandlung einzuholen. Kontakte zu Zootierärzten oder Tierärztlichen Hochschulen sind für Tierärzte meist recht schnell geknüpft!

Übrigens ist in Deutschland ganz klar definiert, wer kranke Tiere behandeln darf. Das Tierschutzgesetz schreibt vor, dass grundsätzlich alle Behandlungen, die Schmerzen beim Tier auslösen können, unter Narkose stattzufinden haben; diese Narkose darf nur ein Tierarzt durchführen (§5 TierschG). Eine Anästhesie darf danach nur fehlen, wenn „bei vergleichbaren Eingriffen am Menschen eine Betäubung in der Regel unterbleibt oder der mit dem Eingriff verbundene Schmerz geringfügiger ist als die mit einer Betäubung verbundene Beeinträchtigung des Befindens des Tieres, [oder] wenn die Betäubung im Einzelfall nach tierärztlichem Urteil nicht durchführbar erscheint." Gerade der letzte Punkt trifft übrigens bei Kleinsäugern unter Goldhamstergröße sehr häufig zu. Zusätzlich dürfen Antibiotika an Tiere ausschließlich vom Tierarzt verabreicht werden!

Am besten ist es natürlich, wenn das gehaltene Tier so lange wie möglich gesund bleibt! Das Stich-

Die Augen von gesunden Kleinsäugern sind klar und sauber, wie bei diesem Kurzohr-Rüsselspringer (*Macroscelides proboscideus*).

wort „Vorbeugen" kennen wir in diesem Zusammenhang aus der menschlichen Medizin zur Genüge.

## WIE SIEHT EIN GESUNDER KLEINSÄUGER AUS?

Diese Frage stellt sich vor allem beim Erwerb der Tiere, aber auch später sollte man immer wieder (am besten täglich) auf Zeichen achten, die auf den Beginn einer Krankheit hinweisen. Beim Kauf des Tieres ist es daher vorteilhaft, wenn man gesunde Tiere bei einem anderen Halter schon einmal länger beobachtet hat. Bereits beim ersten Blick in das Terrarium fallen manchmal Besonderheiten im Aussehen oder Verhalten der Tiere auf. Achten sie daher vor allem auf folgende Punkte:

### TÄGLICHE KONTROLLE

- Sind alle Tiere sauber, geputzt und frei von Verletzungen oder Auffälligkeiten, die auf Krankheiten hinweisen könnten?
- Kommen alle Kleinsäuger bei der Fütterung innerhalb der Aktivitätszeit zur Futterstelle und fressen mit Appetit?
- Gehen alle Tiere zielstrebig ihren typischen Tätigkeiten nach?

Für einen genaueren Check, der in regelmäßigen Abständen durchgeführt werden sollte, muss der Kleinsäuger herausgefangen werden. Dies empfiehlt

sich bei sehr scheuen Tieren allerdings nur dann, wenn es Verdachtsmomente für eine Krankheit oder Parasitenbefall gibt! Bei wenig zahmen Tiere hat es sich zudem als Erleichterung herausgestellt, wenn der Kleinsäuger in einem durchsichtigen Gefäß gefangen wird und nicht direkt von der menschlichen Hand festgehalten werden muss!

Bei einem genaueren Gesundheits-Check sollten folgende Punkte genauer beäugt werden:

### GESUNDHEITS-CHECK

| | |
|---|---|
| **Fell:** | Ist das Fell frei von kahlen Stellen und Schorf, glänzend, nicht struppig und auch zwischen den Haaren bzw. Stacheln sauber? |
| **Augen:** | Sind die Augen klar, sauber und zeigen sie keinen unüblichen Ausfluss? |
| **Ohren:** | Sind die Ohren sauber sowie krusten- und schuppenfrei? |
| **Nase:** | Hat die Nase ihre natürliche Farbe, ist sie frei von Blut und zeigt sie keinen Ausfluss (feuchtes Fell unterhalb der Nase)? |
| **Maul/Zähne:** | Hat die Maulschleimhaut des Tieres ihre übliche Farbe und zeigt sie keinerlei Verletzungen oder Entzündungen? Stehen die Zähne in der typischen Anordnung und sind sie verfärbungsfrei? Ist die Zunge belagfrei? |
| **Analregion:** | Ist die Analregion sauber? Gibt es keinerlei Anzeichen für Durchfall? Achten Sie auch auf frische Ausscheidungen der Tiere: Haben sie die natürliche Färbung und Konsistenz? |
| **Füße/Krallen:** | Sind die Füße verletzungsfrei und haben die Krallen die übliche Länge? |
| **Gewicht:** | Kontrollieren Sie regelmäßig das Gewicht der Tiere, um Übergewicht (bzw. die Trächtigkeit) oder Unterernährung (z. B. durch Stress) festzustellen! |
| **Inneres:** | Fühlen Sie beim Abtasten Einschlüsse in der Haut oder Verhärtungen und Knoten im Bauch? |

Weitere Anzeichen für Krankheiten können sich aus einem veränderten Verhalten ergeben, achten Sie also auch darauf! Wird eine solche Überprüfung regelmäßig durchgeführt, können Gesundheitsmängel schnell festgestellt und der betroffene Pflegling einem Tierarzt vorgestellt werden. Bei scheuen oder bissigen Kleinsäugern sollten die Untersuchungen lediglich optisch durchgeführt werden, um unnötigen Stress für das Tier zu vermeiden. Scheuen Sie

Haltungsfehler sind die größte Gefahrenquelle für Kleinsäuger: Diesem Langohrigel (*Hemiechinus auritus*) wurde Heu als Nistmaterial gegeben, in dem er einen Fuß derart einwickelte, dass dieser rot-blau anschwoll.

sich jedoch nicht, bei Verdacht auf eine Krankheit – z. B. mit Hilfe eines erfahrenen Halters oder Tierarztes – auch einmal in die Maulhöhle zu schauen!

## GESUNDERHALTUNG

Eine tiergerechte Haltung und Pflege der Tiere ist das beste Fundament für einen gesunden Kleinsäuger-Bestand. Lediglich vor erblichen oder altersbedingten Krankheiten sind Tiere aus einer idealen

Haltung nicht gefeit. Die wichtigsten Punkte für eine solche tiergerechte Haltung sind folgende:

### GESUND DURCH TIERGERECHTE HALTUNG

- Vielseitige, ausgewogene und frische Nahrung
- Eher sparsame Ernährung – keine Überfütterung
- Tägliche Pflegemaßnahmen einhalten
- Regelmäßige Reinigung des Terrariums
- Keine nasse oder stark staubende Einstreu verwenden
- Vermeidung von Zugluft und starken Temperaturwechseln
- Für die entsprechende Tierart möglichst ideale Einstellung des Klimas im Terrarium
- Ausbruchssicheres Terrarium ohne Verletzungsmöglichkeiten
- Auslauf nur unter Aufsicht
- Ausreichend Bewegung
- Verhaltensgerechte Beschäftigungsmöglichkeiten
- Sozialtypische Gruppenkonstellation

Beachtet der Halter diese Punkte sowie die Eigenheiten jeder einzelnen Art genau, so ist es nicht unüblich, dass die Tiere bis ins hohe Alter von Krankheiten verschont bleiben. Interessanterweise werden auch exotische Kleinsäuger bei richtiger Pflege sehr selten krank, dies sei noch einmal deutlich gesagt!

## VERLETZUNGEN

Verletzungen sind oft die Folge einer falschen Haltung. Sie können durch fehlerhafte Einrichtung, gefährliche Kanten im Terrarium, Sprünge im Glas oder Kämpfe unter den Tieren entstehen. So gilt nach der ersten Behandlung das Hauptaugenmerk dem Auffinden dieses Faktors, um ihn zu beseitigen!

Kleinere Verletzungen wie beispielsweise Schürfwunden verheilen im Allgemeinen ohne Probleme und ohne Zutun des Halters. Zur Unterstützung kann die Wunde mit einem milden, nicht reizenden Desinfektionsmittel betupft werden. Sobald Anzeichen für eine Entzündung zu sehen sind, ist der Weg zum Tierarzt schnellstmöglich anzutreten! Kleine Wunden können manchmal auch das Ergebnis ständigen Kratzens sein – dies ist dann meist ein Anzeichen für den Befall mit Parasiten (s. u.).

Bei größeren Wunden, wie beispielsweise stark blutenden Biss- oder tiefen Schnittwunden, ist so-

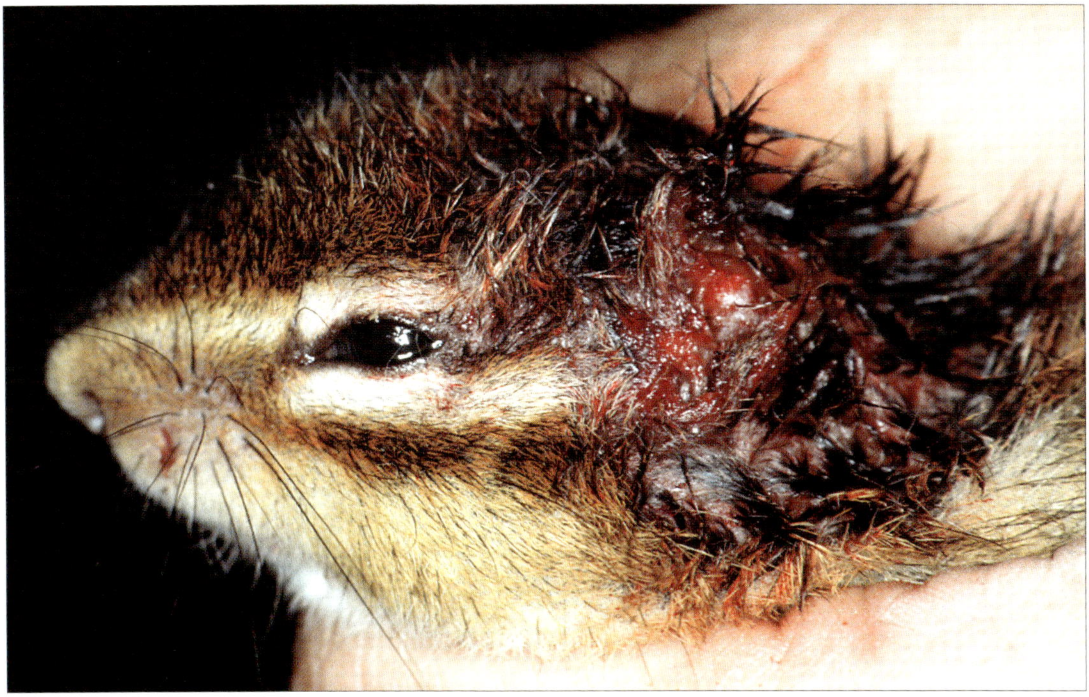

Streifenhörnchen mit Bissverletzung am Ohr   Foto: Prof. Dr. Michael Fehr

fort ein Tierarzt aufzusuchen, der die Wundsäuberung und -versorgung übernimmt. Bei starkem Blutverlust sollte durch die Gabe von physiologischer Kochsalzlösung zumindest der Flüssigkeitsverlust ausgeglichen werden. Sind Entzündungen zu befürchten, so ist die Gabe von Antibiotika beim Tierarzt meist unumgänglich.

## KRANKHEITEN

Kleinsäuger-Krankheiten aufgrund von Bakterien, Pilzen, Viren oder anderen Ursachen gibt es mannigfaltig. Da die Tiere aber – wie schon mehrfach erwähnt – nur sehr selten tatsächlich erkranken, sollen hier lediglich die wichtigsten Auffälligkeiten und ihre möglichen Diagnosen aufgeführt werden. Außerdem finden Sie einige Tipps für behandlungsunterstützende Maßnahmen. Eine genaue Diagnose und Behandlung sollte dem erfahrenen Tierarzt überlassen werden!

Degu mit ausgebrochenen Schneidezähnen
Foto: Prof. Dr. Michael Fehr

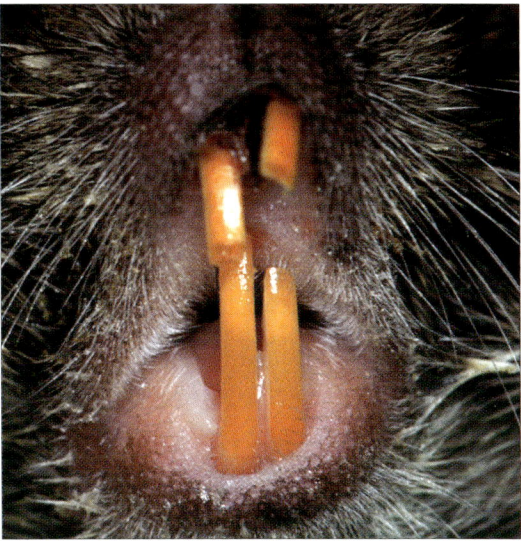

## KRANKHEITSERKENNUNG

| SYMPTOME | MÖGLICHE URSACHEN |
|---|---|
| Kahle Stellen im Fell, ggf. Hautrötungen | Fellwechsel, Parasitenbefall (s. u.), Pilzbefall, Vitaminmangel (v. a. Vitamin A), Hormonstörung, Fellfressen |
| Häufiges Kratzen | Dito., meist Parasitenbefall; außerdem unsaubere Haltung und extrem staubige Einstreu als Ursachen möglich; Kratzen am Ohr kann auf Gehörgangsinfektionen hinweisen! |
| Fressunlust | Falsches Futter, Wassermangel, zu hohe oder niedrige Temperatur(ggf. Winterschlaf), überlange Nagezähne (bei Nagetieren), Zahnfehlstellungen, Knochenstoffwechseler-krankungen (Zahnerkrankungen als Folge). Tritt außerdem bei vielen anderen Erkrankungen – zusammen mit anderen Symptomen als Begleiterscheinung auf. |
| Behindertes Kauen, Maulausfluss, feuchter Unterkiefer und Hals | Überlange Nagezähne (bei Nagetieren), Zahnfehlstellungen, Verletzungen der Mundschleimhaut, Zahnverlust, Fremdkörper in der Maulhöhle |
| Ausfluss aus Mund und (!) Nase, feuchter Unterkiefer und feuchte Vorderpfoten, häufiges „Naseputzen" | Infektion mit Bakterien und/oder Viren in der Rachengegend oder im Atmungsapparat (z. B. Erkältung, Lungenentzündung), selten Vergiftung |
| Husten, Schnupfen, röchelnde oder „klickende" Atemgeräusche, Atemnot | Lungenentzündung, z. B. ausgelöst durch Zugluft oder Kälte; Reizung durch staubige Einstreu oder Reinigungsmittel; Bakterien, Parasiten (z. B. Lungenwürmer) |
| Hecheln, beschleunigte Atmung, Apathie | Überhitzung, falsches Klima (dann häufig auch feuchtes Fell), Stress, Hitzschlag/Schock (dann auch Blaufärbung oder auffällige Blässe der Schleimhäute). |
| Verklebte, gerötete oder tränende Augen, geschwollene Augenlider, Augenausfluss, Lichtscheuheit Augen- bzw. Hornhauttrübung, Lichtscheuheit | Augen- bzw. Bindehautentzündung, Zugluft, Allergie/staubige Einstreu, Fremdkörper im Auge, Verletzung Augenverletzung oder -infektion, evtl. Augengeschwür, Diabetes mellitus, Vitamin-A-Mangel, angeboren |
| Durchfall, oft verklebtes, verschmutztes Hinterteil | Plötzliche Futterumstellung (v. a. bei Obst und Grünfutter), verdorbenes Futter, Stress, zu kalte Haltung; bakterielle Infektionen des Magen-Darm-Traktes, Innenparasiten (s. u.), Vergiftung, Vitamin-B-Mangel. |
| Pressen ohne Absetzen von Kot und Urin, Hinterteil über den Boden schleifen | Verstopfung wegen Futterumstellung, Wassermangel, Darmvorfall, Darmverschluss, Harnwegsinfekte, Harnblasensteine, Harnblasenlähmung |
| Gewichtsverlust | Zu wenig Futter, Darmparasiten (s. u.), Zahnverlust |
| Humpeln, Lahmen, Nachziehen der Beine, Bewegungsunlust | Zu lange Krallen, falsche Einstreu (oft Sand, Kies), Verletzungen/Verstauchungen, Brüche; Infektionen (z. B. Sohlenballenentzündung); bei zusätzlichen Gleichgewichts-problemen: Schädeltrauma, Wirbelsäulenquetschung (z. B. durch Sturz), Entzündung im Innenohr |
| Krämpfe, Zitteranfälle | Stress, Kalzium- oder Magnesiummangel, Vitamin-B-Mangel |
| Wucherungen, Knoten unter der Haut | Abszesse (nach Verletzungen), Tumoren, sehr selten Hautwürmer |
| Missbildungen, Wachstumsstörungen | Vitamin-D-Mangel (Rachitis), erbliche Krankheiten, Inzucht, ggf. fehlende UV-Strahlung/fehlendes Sonnenlicht |
| Lustlosigkeit | Langeweile, fehlender Sozialpartner; oft zusätzliches Symptom bei anderen Erkrankungen |
| Stereotypie (ständige Wiederholung derselben Verhaltensweise) | Falsche Sozialstruktur, wenig verhaltensgerechte Einrichtung, zu kleines Terrarium |

## WAS IST ZU TUN?

Genaue Diagnose und Behandlung beim Tierarzt. Bei Parasiten- oder Pilzbefall zudem gründliche Reinigung und Desinfektion des Terrariums und der Einrichtung, Bei Vitaminmangel: Umstellung der Ernährung. Achtung: Hautpilze können auf den Menschen übertragen werden! Fellfressen kann bei verschiedenen Arten durch Mangelerscheinungen, fehlendes Raufutter (z. B. Heu), Langeweile oder ererbte Anlagen ausgelöst werden.

s. o.; ggf. Hygiene verbessern und Streu auswechseln. Bei Verdacht auf Gehörgangsinfektion sofort zum Tierarzt!

Ggf. vorsichtige Futterumstellung, Wassergabe oder Kürzung der Zähne beim Tierarzt (mehr Nagematerial geben!). Eine differenzierte Diagnose kann vom Tierarzt durchgeführt werden.

Differenzierte Diagnose beim Tierarzt, ggf. Zahnkürzung (mehr Nagematerial geben!); Zahnfehlstellungen sind erblich! Bei Mundschleimhautverletzungen können leicht Entzündungen auftreten (Behandlung vom Tierarzt, ggf. Antibiotika-Gabe)

Schnellstmöglicher Besuch bei Tierarzt, Medikamentengabe. Eine Abtrennung von den anderen Tieren ist meist angebracht (Ansteckungsgefahr!).

Vorstellung und Behandlung beim Tierarzt; Haltung (z. B. Terrarienstandort) ändern, ggf. mehr geschützte Versteckmöglichkeiten bzw. isolierendes Nistmaterial anbieten, Einstreu oder Putzmittel ändern. Eine Abtrennung von den anderen Tieren ist u. U. angebracht (Ansteckungsgefahr!).

Haltung umstellen, Terrarienstandort und Gruppenzusammensetzung überprüfen, ggf. Wassergabe. Bei Hitzschlag und Schockzustand sofort (!) zum Tierarzt!

Haltung auf Zugluft überprüfen, ggf. Einstreu austauschen; Besuch beim Tierarzt, Behandlung. Bei festgestelltem Fremdkörper kann vorsichtig versucht werden, diesen auszuspülen, klappt dies nicht auf Anhieb: Tierarztbesuch!

Besuch beim Tierarzt; ggf. Ernährung ändern. Diabetes ist bei vielen Nagern (z. B. Degus, Fette Sandratte) erblich.

Wasserverlust ausgleichen, isotonische Flüssigkeit (z. B. physiologische Kochsalzlösung) anbieten! Futter austauschen, kein Obst geben, Futterumstellung verlangsamen, Stress abstellen, Haltungstemperaturen überprüfen. Besteht die Vermutung einer Infektion, Vergiftung oder eines Parasitenbefalls: sofortiger Besuch beim Tierarzt, dabei Kotprobe zur Untersuchung mitnehmen, ggf. Ernährung umstellen.

Sofortiger Besuch beim Tierarzt; Futterumstellungen immer vorsichtig durchführen!

Mehr oder gehaltvolleres Futter anbieten, Kotprobe untersuchen lassen, auf weitere Symptome achten

Ggf. Krallen kürzen, Streu austauschen; Tierarzt um Rat fragen!

Mineralstoff-Vitamin-Präparat anbieten, ggf. Haltung ändern

Besuch beim Tierarzt, ggf. Operation

Ggf. Tierarztbesuch, Ernährung umstellen oder Vitaminpräparate reichen; weniger fettreiche Fütterung

Haltung und Sozialstruktur der Tierart überprüfen; auf weitere Symptome achten

Verhaltensgerechte Beschäftigungsmöglichkeiten anbieten, ggf. größeres Terrarium kaufen, Sozialstruktur überprüfen

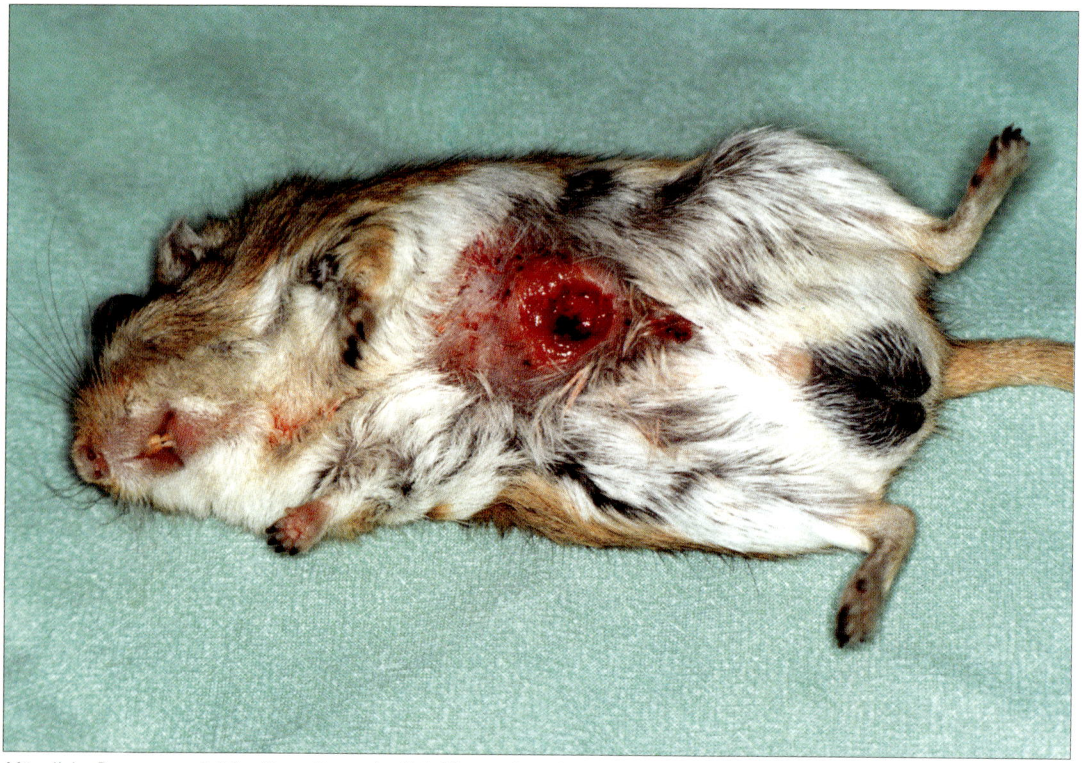

Männliche Rennmaus mit bösartigem Tumor der Nabeldrüse.   Foto: Prof. Dr. Michael Fehr

Mikroskopische Aufnahme einer Grabmilbe (*Sarcoptes* spp.)
Foto: Prof. Dr. Michael Fehr

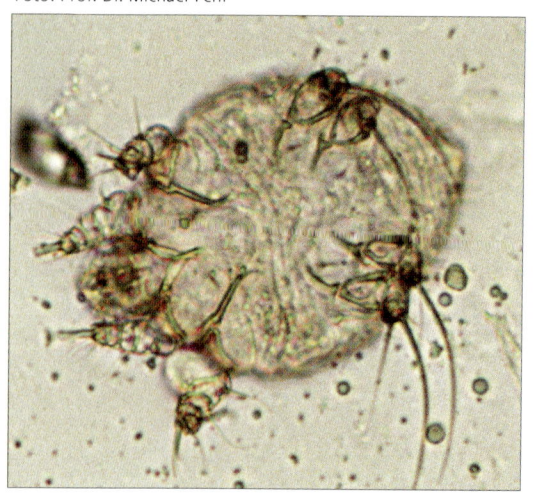

Bei der Gabe von Antibiotika ist es sehr wichtig, die Behandlung nach Weisung des Tierarztes und lange genug – meist über einige Tage – durchzuführen, auch wenn die Symptome schon verschwunden sind. Ansonsten besteht die Gefahr, Resistenzen bei den Erregern zu „züchten", sie also widerstandsfähig gegen das entsprechende Antibiotikum zu machen.

## PARASITOSEN

Ein Befall mit Parasiten kann durch Insekten (z. B. Flöhe), Spinnentiere (z. B. Milben), Würmer (z. B. Spulwürmer) oder Einzeller (z. B. Amöben) erfolgen, wobei Außen- und Innenparasiten unterschieden werden. Die Behandlung – sprich: die Vernichtung aller Parasiten – erfolgt durch Antiparasitika nach Weisung des Tierarztes und muss normalerweise einige Male wiederholt werden, um in der

Kowari (*Dasyuroides byrnei*)

daher nur für die Haltung in Halbzimmerterrarien geeignet. Die Temperatur im Becken muss nicht so hoch sein wie bei den anderen Arten, eine abwechslungsreiche Ernährung aus Katzentrockenfutter, toten Mäusen und Küken sowie Obst und gelegentlich Insekten ist wichtig.

## Raubbeutler (Dasyuromorphia)
## Eigentliche Raubbeutler (Dasyuridae)

### Kowari (*Dasyuroides byrnei*)
Der aus Australien stammende Kowari (*Dasyuroides byrnei*) wird aufgrund der rar gewordenen Nachzuchten nur noch selten gehalten. Heute sind nur noch wenige nah verwandte Tiere vorhanden, von denen die meisten im EEP (Europäisches-Erhaltungszucht-Programm) geführt werden. Wegen des Ausfuhrverbots Australiens ist auch kein „frisches Blut" zu erhalten, das die Inzuchtprobleme der europäischen Populationen beheben könnte.

Die Heimat des Kowaris ist das südliche Northern Territory, Südwest-Queensland und der Nordosten des Bundesstaates South Australia. Der kleine Raubbeutler mit einer Kopf-Rumpf-Länge von 14–18 cm (plus ca. 12 cm Schwanz) lebt dort in wüstenartigem Gelände und trockenem Grasland. Der niedliche, aber stämmig erscheinende Beutler ist auf dem Rücken und an den Flanken grau, am Bauch cremeweiß gefärbt. Der dicht behaarte Schwanz ist in der hinteren Hälfte dunkel gefärbt und bildet eine breite Quaste. Jedes Individuum lebt in einem eigenen Bau, der mit weichem Nistmaterial ausgekleidet wird. Kowaris sind nachtaktiv, lieben es allerdings, Sonnen- und Sandbäder zu nehmen. Im Terrarium sind einige Individuen tag- und nachtaktiv. Die Nahrung in freier Natur besteht aus Insekten, Spinnen, kleinen Vögeln und Säugetieren. Bei schlechter Beutesituation können Kowaris eine Ruhephase einlegen, bei der Atmung und Herzschlagfrequenz herabgesetzt sind.

Aufgrund der Bewegungsfreude der Beutler sollte das Terrarium für ein Paar die Mindestmaße 180 x 100 x 80 cm haben. Der Bodengrund besteht aus Sand oder einem Sand-Torf-Gemisch (2:1), als weitere Einrichtung dienen Wurzeln, Trockengras-Soden sowie einige Steine und Verstecke (mindestens drei pro Paar!). Neben der Beleuchtung sollte eine milde Bodenheizung eingebaut werden, sodass am Tag ca. 22–26 °C erreicht werden. Nachts kann die Temperatur auf ca. 18 °C fallen. Zusätzlich sollte lokal, am besten über einer Steinplatte, ein Wärmestrahler installiert werden, damit die Tiere „sonnenbaden" können.

Kowaris werden in Menschenhand mit Insekten (Heuschrecken, *Zophobas*-Larven, Grillen), toten Kleinnagern und Premium-Katzenfutter ernährt, gelegentlich kann auch süßes Obst gegeben werden. Wasser sollte in einer Nippeltränke angeboten werden.

Die Vermehrung ist bei richtiger Haltung eines harmonierenden Pärchens nicht schwer, tritt jedoch nicht regelmäßig ein. Weibchen können bis zu zwei Würfe von drei bis sieben Jungtieren pro Jahr bekommen, wobei von April bis Dezember Paarungen

beobachtet wurden (v. a. Mai bis Juli); die Tragzeit dauert 30–36 Tage. Die bei der Geburt nur 4 mm kleinen Jungbeutler verbringen die folgenden etwa 56 Tage an den sechs Zitzen im offenen Beutel auf der Bauchseite der Mutter. Danach lösen sich die Jungen erstmals von den Zitzen und werden häufiger von der Mutter im Nest zurückgelassen. Erst nach etwa 100 Tagen sind sie praktisch selbstständig und nehmen nun auch feste Nahrung auf. Mit etwa sieben Monaten sind die Jungen vollständig entwöhnt und können aus dem elterlichen Becken genommen werden. Mit einem Jahr sind Kowaris ausgewachsen, sie können über sieben Jahre alt werden.

Die Haltung von Kowaris sollte Experten überlassen werden, damit diese Tierart auch in Zukunft in europäischen Terrarien zu finden sein wird.

### Eigentliche Beutler (Diprotodontia) Gleit- und Kletterbeutler (Petauridae)

**Kurzkopfgleitbeutler (*Petaurus breviceps*)**
Der auch Sugar Glider genannte Kurzkopfgleitbeutler (*Petaurus breviceps*) wird inzwischen recht häufig angeboten und ist wohl das am häufigsten in Menschenhand gehaltene Beuteltier überhaupt. In den letzten Jahren nahm die Zahl der Halter dieser raumbedürftigen Beuteltier-Art auch in Deutschland drastisch zu, allerdings werden die possierlichen Sugar Gliders meist in Volieren gehalten. In einem geheizten Zimmer ist dies auch durchaus möglich – eben-

Kurzkopfgleitbeutler
(*Petaurus breviceps*)

so wie die Haltung in großräumigen Glas-, Holz- oder Halbzimmerterrarien, wobei Terrarien das Klima besser halten und weniger Zugluft zulassen.

Der Kurzkopfgleitbeutler ist entlang eines etwa 800 km breiten Streifens entlang der australischen Ost- und Nordküste verbreitet, lebt außerdem noch auf Tasmanien, Neuguinea sowie einigen weiteren Inseln. Die meisten Tiere in Europa haben ihren Ursprung in Wildfängen aus Neuguinea. Die grauen bis graubraunen Sugar Gliders haben meist einen schwarzen Aalstrich und ein schwarzes Schwanzende; die Körperunterseite ist cremefarben. Die Körperlänge der kleinen Beutler beträgt 14–21 cm, der breite, befellte Schwanz ist ebenso lang, sie können 75–160 g schwer werden. Neben den von den Vorder- zu den Hinterbeinen spannenden Gleithäuten sind die zum Klettern hervorragend geeigneten Greifhände der Kurzkopfgleitbeutler auffällig. Den Tag verbringen die Beuteltiere schlafend (meist in einer Gruppe) in ihren Baumhöhlen, nachts suchen sie in der näheren Umgebung des Nests nach Nahrung, die hauptsächlich aus Früchten, Insekten und Blütennektar besteht. In Neuguinea vermehren sich die Sugar Gliders das ganze Jahr hindurch, die Tragzeit beträgt 16 Tage. *Petaurus breviceps* kann bis zu 14 Jahre alt werden.

Die Haltung im Terrarium unterscheidet sich nur wenig von der in Volieren. Geeignet sind großräumige Terrarien von mindestens 200 x 100 x 150 cm für ein Pärchen. Haben die Tiere keinen täglichen Freilauf, so ist sogar mindestens die doppelte Fläche angebracht. Diese Größe ist auch für die Haltung einer Gruppe (ein Männchen mit mehreren Weibchen) empfehlenswert. Die Einrichtung besteht aus einem hygienischen Bodengrund (z. B. Hobelspäne) und sehr vielen Kletterästen passender Stärke. Bewährt haben sich bei mir zudem Korkröhren und Vogelnistkästen als Verstecke. Um die Flächen der Terrarienseiten und der Rückwand ebenfalls als Kletterfläche zu nutzen, können sie mit Kork beklebt oder mit Maschendraht bespannt werden. Eine Neonröhre sorgt für Licht und eine milde Erwärmung (18-24 °C) des Terrariums.

Als Futter für Sugar Glider eignet sich vor allem frisches süßes Obst (Apfel, Mango, Melone, Birne,

Kurzkopfgleitbeutler werden schnell zahm.

Weintrauben, Pfirsich, Nektarine usw.), zusätzlich sollten die Tiere regelmäßig Insekten angeboten bekommen, hier werden vor allem Heuschrecken und Mehlwürmer gerne verzehrt. Besonders beliebt sind Fruchtjogurt und Honig. Zudem nehmen viele Kurzkopfgleitbeutler auch Papageienfutter an – sie sollten aber aufgrund des hohen Fettgehaltes dieser Nahrung nicht zu viel davon bekommen. Wasser wird in einer Nippeltränke angeboten. Futternapf und Tränke sollten erhöht – aber zur Bewegungsförderung nicht an derselben Stelle – angebracht werden. Bei großen Gruppen hat sich die Installation von mehreren Futterplätzen bewährt.

Die Zucht von Gleitbeutlern ist sehr einfach und kann bei tiergerechter Haltung eines Pärchens kaum verhindert werden. Die Geschlechtsunterscheidung ist bei diesen Beutlern sehr einfach, da die Männchen eine kahle Stelle auf der Stirn aufweisen. Paarung und Geburt finden meist nachts statt, die Jungtiere wiegen bei der Geburt unter 0,2 g und wandern selbstständig in den bauchseitigen Beutel des Weibchens. Meistens erblicken Zwillinge das Licht der Welt. Erst wenn die Jungen schon recht groß sind, erkennt man sie von außen als Verdickung des Beutels. Nach etwa 70 Tagen verlassen die noch blinden Jungen diesen und liegen im Nest oder klettern während der nächtlichen Aktivitäten der Mutter auf ihrem Rücken herum. Nach etwa 100–120 Tagen verlassen die Jungen erstmals selbstständig das Nest und sind kurze Zeit später unabhängig. Die weiblichen Kurzkopfgleitbeutler können bis zu drei Würfe im Jahr bekommen.

Sugar Gliders werden sehr zahm und haben eine bemerkenswerte Gesundheit: Sie erkranken fast nie. Wildfänge tragen häufig Parasiten, man sollte daher eine der regelmäßig angebotenen Nachzuchten erwerben. Kurzkopfgleitbeutler verbeiten übrigens einen intensiven Geruch.

Recht nah verwandt – und ebenso geruchsintensiv – ist der **Große Streifenbeutler** (*Dactylopsila trivirgata*). Der aus den Regenwäldern des nordöstlichen Queensland und Neuguinea stammende, wunderschöne Kletterbeutler wurde bisher in Europa sehr selten vermehrt, die Nachzucht erscheint schwierig. Aus Neuguinea werden allerdings immer wieder kleinere Stückzahlen importiert. Die Haltung der recht trägen Streifenbeutler entspricht weitestgehend derjenigen der Sugar Gliders, auch wenn sie keine Gleithäute aufweisen. Die Fütterung der wählerischen Beutler ist identisch, nicht futterfeste Tiere lassen sich leicht mit Furchtjogurt „ködern". Aufgrund seiner Größe (Körperlänge 17–32 cm plus 17–40 cm Greifschwanz) ist das Terrarium aber mindestens 50 % größer zu wählen als bei den kleineren Verwandten. Obwohl die Tiere häufig ein gemeinsames Nest benutzen, sollten grundsätzlich mehrere gleichwertige Verstecke vorhanden sein. Die Haltung eines Paares hat sich

als vorteilhaft erwiesen, auch wenn dies keine Garantie für die Nachzucht zu sein scheint. Bei der Haltung dieser Art scheint eine erhöhte Lufttemperatur (tags 22–26 °C, nachts nicht unter 18 °C) von Vorteil zu sein. Die Luftfeuchtigkeit kann durch die Platzierung einer flachen Wasserschale auf der Heizung erhöht werden. Streifenbeutler erreichen ein Alter von bis zu zehn Jahren. Die meisten bisher importierten Tiere starben recht schnell, daher sollten nur Spezialisten diese Tiere halten!

## HÖHERE SÄUGETIERE (PLACENTALIA)

### Nebengelenktiere (Xenarthra) Gürteltiere (Dasypodidae)

#### Kugel-Gürteltier (*Tolypeutes matacus*)

Das Kugel-Gürteltier, auch Südliches Dreibinden-Gürteltier genannt, wurde in letzter Zeit häufiger als Wildfang eingeführt und im Jahr 2001 auch erstmals in Privathand vermehrt. Wildfänge erwiesen sich teilweise als sehr gut haltbar, einige Tiere wurden sogar recht zahm.

Kugel-Gürteltiere sind in Zentral- und Ost-Bolivien, dem Mato Grosso Zentralbrasiliens, dem Chaco Paraguays sowie in Nord- und

Großer Streifenbeutler (*Dactylopsila trivirgata*)

Zentral-Argentinien verbreitet. Typische Lebensräume dieser Säuger sind Grasland und offene Wälder. Die in Deutschland gehaltenen Tiere entstammen dem Chaco in Paraguay, einem weitläufigen Gebiet, das im Südsommer feucht und warm ist, im Winter eher trocken und kühl. Dort kommen die Tiere anscheinend sehr häufig vor. Die Temperaturen liegen nur im Hochsommer deutlich über 25 °C, weswegen Kugel-Gürteltiere gar nicht so warm gehalten werden müssen, wie oft behauptet. Diese etwa 20 cm großen, rund 1,2 kg schweren Gürteltiere legen in freier Natur keine eigenen Bauten an, sondern verstecken sich während des Tages in fremden Höhlen oder graben sich einige Zentimeter tief ein. Als eine von wenigen Gürteltier-Arten kann *Tolypeutes matacus* seinen Panzer ganz schließen – diese Methode zum Schutz vor Fressfeinden scheint sehr effektiv zu sein. Bei ihrer nächtlichen Nahrungssuche durchstreifen die Tiere große Gebiete auf der Suche nach Käferlarven, Ameisen, Termiten, Früchten und Aas. Dabei erreichen sie eine erstaunliche Geschwindigkeit für ein so plump wirkendes Wesen. Insekten werden häufig mit Hilfe der riesigen Vorderkrallen in abgestorbenen Bäumen oder unter Rinde aufgestöbert. Kugel-Gürteltiere bekommen nach langer Tragzeit jeweils nur ein allerdings schon sehr weit entwickeltes, etwa 100 g schweres Junges. Kugel-Gürteltiere können über 17 Jahre alt werden.

Kugel-Gürteltier
(*Tolypeutes matacus*)

Die Haltung erfordert viel Platz, mindestens vier Quadratmeter sollten einem Pärchen zur Verfügung stehen, ein Freilauf in der Wohnung ist möglich. Das Terrarium muss sehr stabil gebaut sein, da die Tiere kleine Ritzen als Ansatzpunkt nutzen können, um das Becken aufzuhebeln. Wichtig ist zudem ein mindestens 30 cm tiefer Bodengrund aus Torf oder einem Torf-Rindenmulch-Gemisch. Als Einrichtung kommen schwere Äste in Frage, die die kräftigen Tiere nicht umherrollen können, sowie trockenes Laub oder Heu, das von den Tieren nach und nach in den Boden „eingearbeitet" wird. Die Äste müssen regelmäßig ausgewechselt werden, da sie den Tieren als wichtiges Element zur Beschäftigung (Entrinden!) dienen. Morgens graben sich die Gürteltiere häufig ein oder schlafen tagsüber im Schutz der Äste. Die Temperatur im Becken sollte 20 °C nicht unterschreiten, vor allem vor einem zu kühlen Boden sei gewarnt! Eine lokale Bodenheizung, die vor Zerstörung gesichert oder unter dem Terrarium verlegt werden muss, leistet hier gute Dienste.

Hauptbestandteil der Gürteltier-Ernährung sind Premium-Katzendosenfutter oder mageres Hackfleisch; beides kann mit frischem Obst, Igelfutter, getrockneten Insekten, gekochtem Ei, Hundeflocken oder selten mit wenig Jogurt gemischt werden. Bei Durchfall werden dem Futter etwas Torf oder Heucops für Landschildkröten untergemischt, um den Rohfaser-

Kugel-Gürteltiere können ihren Panzer zu der namensgebenden Kugel zusammenklappen.

anteil der Nahrung zu erhöhen. Zudem sollten täglich lebende Mehlwürmer oder andere Insekten im Terrarium verteilt werden, die von den Gürteltieren begierig aufgesammelt werden. *Zophobas*-Larven und andere größere sowie schnelle Insekten wurden von meinen Tieren nicht angenommen. Wichtig ist zudem die regelmäßige Gabe härterer Nahrung, um die Abnutzung und Säuberung der Zähne zu gewährleisten; dazu eignen sich leicht zerstoßenes Katzentrockenfutter oder Körnerfutter für Nager. Wasser wird in einem Napf angeboten.

Über die Zucht von *Tolypeutes matacus* ist nur wenig bekannt. Paarungen finden über mehrere Tage, die Geburt des Jungtiers stets in der Nacht statt, wobei die Trächtigkeit des Weibchens häufig nicht auffällt. Geburten wurden in Menschenhand im gesamten Jahresverlauf verzeichnet. Die Geschlechtsreife wird nach neun bis zwölf Monaten erreicht.

Identisch in der Haltung ist das etwas größer werdende **Nördliche Dreibinden-Gürteltier (*Tolypeutes tricinctus*)** aus Brasilien. Die beiden Arten unterscheiden sich anhand der Anzahl der Vorderzehen (vier bei *T. matacus*, fünf bei *T. tricinctus*).

Andere Gürteltiere sind nur in sehr großräumigen Spezialgehegen zu pflegen. Häufig wurden diese beiden Arten miteinander verwechselt; immer wieder wurde so *T. tricinctus* genannt, gelangte bisher aber wohl noch nie nach Europa.

Die Haltung aller Gürteltiere sollte engagierten Pflegern mit langjähriger Erfahrung vorbehalten bleiben!

## Insektenfresser (Insectivora)
## Tanreks (Tenrecidae)

Von einigen Wissenschaftlern werden die Tanreks aufgrund der großen Unterschiede zu den anderen Insektenfressern als eigene Ordnung (Afrosoricida bzw. Tenrecomorpha) angesehen.

### Kleiner Igeltanrek (*Echinops telfairi*)

Der Kleine Igeltanrek ist ein beliebter Gast in europäischen Terrarien. Auch wenn er nur entfernt verwandt ist, ähnelt dieser stachelige Insektenfresser einem kleinen, schlanken Igel. Diese Tanrek-Art wird 12–18 cm groß und wiegt, abhängig von der

Kleiner Igeltanrek (*Echinops telfairi*), Mutter mit Jungtier

erfüllen sind. Sie zeigen sogar eine gewisse soziale Toleranz, sodass Paare recht gut zusammenleben können. Einige Züchter praktizieren auch eine Einzelhaltung, bei der die Tiere nur zu Paarung zusammengesetzt werden; Berichten nach sollen so gehaltene Tiere größere Erfolge bei der Jungenaufzucht erzielen. Männliche Tiere sind im Allgemeinen untereinander sehr unverträglich und können sich sogar Verletzungen zufügen! Menschen werden normalerweise nicht gebissen – au-

Igeltanreks klettern recht gut.

Jahreszeit und dem Ernährungszustand, zwischen 110 und 230 g. Die Stacheln bedecken den ganzen Körper mit Ausnahme des Gesichtes, der Körperunterseite und der Extremitäten. Die Färbung dieser Tiere kann immens variieren. Es sind sowohl sehr dunkelbraune als auch aschgrau-beige gefärbte Tiere bekannt. Manchmal tritt ein verwaschen wirkender schwarzer Rückenstreifen auf. Der Bauch ist beige, hellgrau oder fast weiß gefärbt. Kleine Igeltanreks sind in ihrer südwest-madagassischen Heimat nachtaktive Tiere, die einzeln oder seltener in kleinen Gruppen Jagd auf Insekten und andere Wirbellose machen. Da Tanreks, die eine evolutionsbiologisch sehr alte Säugetierfamilie darstellen, nur eingeschränkt zur Thermoregulation (Aufrechterhaltung einer bestimmten Körpertemperatur) fähig sind, halten die Tiere eine drei- bis fünfmonatige Winterruhe (Mai bis September), bei der die Körperfunktionen deutlich herabgesetzt werden (Torpor). In dieser Zeit fressen und trinken die Tiere nur selten. *Echinops telfairi* lebt sowohl am Boden als auch in Strauchwerk und niedrigeren Bäumen (semiarboreal) – er kann also recht gut klettern. Sein natürlicher Lebensraum ist das eher trockene Buschland Madagaskars. Kleine Igeltanreks werden manchmal deutlich über zehn Jahre alt, durchschnittlich erreichen sie etwa sieben Jahre.

Kleine Igeltanreks sind im Terrarium sehr interessante Pfleglinge, deren Ansprüche recht leicht zu

ßer, die Hand riecht nach Futter. Erschreckte Kleine Igeltanreks fauchen allerdings und stellen die Stacheln auf.

Für ein Pärchen empfiehlt sich ein Holz- oder Glasterrarium mit den Mindestmaßen 100 x 50 x 60 cm. Wie bereits erwähnt, ist es für die Tiere unerlässlich, externe Wärme aufzunehmen. Daher ist es wichtig, einen Strahler (z. B. Halogenleuchte, Elsteinstrahler, Spotstrahler) für die Tiere unerreichbar im Terrarium zu platzieren: Morgens und abends kann man die Tiere dann beim Sonnenbaden und „Wärmetanken" beobachten, vor allem, wenn ein Stein oder Rindenstück unterhalb des Strahlers gelegt wurden. Es ist auch möglich, eine schwache Bodenheizung (Heizmatte) zu installieren. Die Lufttemperatur von 24–28 °C (lokal bis 34 °C) mit einer nächtlichen Absenkung um etwa 5 °C sollte während der Sommermonate eingehalten werden. Im Herbst wird die Temperatur über drei Wochen langsam auf 14–17 °C (maximal 20 °C) abgesenkt, bei denen die Tiere ihre Winterruhe verbringen; während dieser Zeit sollten die Tiere so wenig wie möglich gestört werden! Im Frühling erhöht man die Temperatur innerhalb von zwei Wochen wieder. Die meisten Tiere halten ihre Winterruhe nicht in der Zeit des Südwinters, sondern ruhen während unseres Nordwinters; sie passen sich also den äußeren Gegebenheiten an. Halter sollten daher den Vorbesitzer fragen, wann die Tiere bei ihm die Winterruhe einlegten. Diese Ruheperiode scheint essenziell für eine erfolgreiche Nachzucht zu sein.

Als Einstreu eignet sich Torf am besten, wobei die Kotecke der Tanreks häufig gesäubert werden muss, während ein Wechsel des gesamten Bodengrunds nur alle 8–12 Wochen nötig ist. Steine, Korkrindenstücke, Kletteräste und Laub bilden die übrige Einrichtung des Terrariums. Zur Vermeidung von Auseinandersetzungen sollte für jeden Tanrek eine eigene Versteckmöglichkeit zur Verfügung stehen; Tanreks bevorzugten bei mir Unterschlüpfe mit engem Eingang. Manche Tanreks lieben ein regelmäßiges Sandbad.

*Echinops telfairi* ist ein sehr gefräßiger Kleinsäuger, bei dem Überfütterung unbedingt vermieden werden muss. Als Grundnahrung können die Tiere lebende Wirbellose erhalten. Dazu eignen sich Mehlwürmer, Schaben, Heimchen, Grillen, *Zophobas*-Larven, Heuschrecken sowie ab und zu Gehäuseschnecken, Regenwürmer und Kellerasseln. Werden die Insekten im ganzen Becken verteilt, haben die Tiere eine sehr gute Beschäftigung. Zusätzlich sollten Kleine Igeltanreks mindestens zwei- bis dreimal in der Woche Premium-Katzendosenfutter, Igelfutter und Katzentrockenfutter erhalten. Es hat sich als vorteilhaft erwiesen, der Fertignahrung Trockeninsekten unterzumischen, da diese Ernährung natürlicher ist. Zur Abrundung können in größeren Abständen auch gekochtes Ei, Quark und Jogurt gegeben werden. Der Anteil tierischer Nahrung sollte bei etwa 90 % liegen. Den Rest der Nahrung stellen verschiedene Obstsorten (Banane, süßer Apfel, Melone), wobei nicht alle Tiere pflanzliche Nahrung annehmen. Gelegentlich ist die zusätzliche Gabe eines Kalkpräparats und – bei notorischen Obstverächtern – auch eines Multivitamin-Präparates ratsam. Wasser wird in einer Schale oder leichtgängigen Nippeltränke gereicht.

Kurz nach Beendigung der Winterruhe können Paarungsaktivitäten beobachtet werden, die deutlich intensiver ausfallen, wenn die Tiere neu zusammengesetzt werden, oder die Männchen zwischen den Gruppen ausgetauscht werden. Während dieser Zeit zeigen Männchen (nur sehr selten auch die Weibchen) oft einen weißen Augenausfluss. Die Paarungen lassen einige Zeit später nach. Die Tragzeit dauert 60–65 Tage, und es werden ein bis zehn Jungtiere geboren, die oft schon nach drei Wochen feste Nahrung zu sich nehmen und das Terrarium erkunden. Nach fünf Wochen sind die Jungen völlig selbstständig und können aus dem Terrarium genommen werden, bei Weibchen ist eine dauerhafte Vergesellschaftung mit der Mutter möglich. Das Geschlecht der Jungen ist allerdings nur sehr schwer zu bestimmen, Männchen haben aber meist einen deutlicheren verdickten Augenring und einen breiteren Kopf. Nach der ersten Winterruhe sind Kleine Igeltanreks geschlechtsreif. Es gibt allerdings auch Berichte von weiblichen Tieren, die in ihrem Geburtsjahr selbst einen Wurf großzogen – allerdings sollte man die Tiere nicht zu früh zur Zucht zulassen.

Igel werden sie als kannibalisch beschrieben, wobei dieses Verhalten mit Sicherheit dem kargen Lebensraum geschuldet ist. In kühleren Verbreitungsgebieten hält der Langohrigel Winterschlaf, bei Futtermangel auch Sommerruhe. Die Paarungszeit liegt zwischen Mai und Oktober. Es werden pro Jahr maximal drei Würfe von bis zu sechs Jungen vom Weibchen aufgezogen.

Für die Haltung dieser Igel sind deutlich größere Terrarien nötig, da sie sehr bewegungsfreudig sind. Bei zu wenig Bewegungsmöglichkeiten laufen die Tiere häufig stereotyp im Kreise. Aus diesem Grund ist mindestens ein Terrarium mit den Maßen 200 x 75 x 50 cm anzubieten. Ein täglicher Freilauf in der Wohnung erscheint mir trotz dieser Maße unumgänglich, die gelegentliche (!) Gabe eines großen (Chinchilla-)Laufrads mit Jutebespannung kommt dem Bewegungsbedürfnis der Tiere ebenfalls entgegen. Allerdings treten beim Freilauf immer wieder Probleme auf: Die Tiere verwickeln ihre Zehen und Knöchel beim schnellen Laufen in Haaren oder Fäden und schnüren sich somit die Blutzufuhr ab. Daher dürfen die Tiere auch kein Heu als Nistmaterial bekommen.

Es gibt zwar viele Parallelen zur Haltung der Weißbauchigel, jedoch auch einige Besonderheiten: So ist *Hemiechinus auritus aegypticus* anfälliger Krankheiten gegenüber und bedeutend stressempfindlicher. Zudem ist eine Vergesellschaftung absolut nicht möglich, da die Tiere sehr aggressiv und Reibereien am Futternapf oder im Versteck sonst unumgänglich sind. So entsteht großer Stress für die Tiere, manchmal enden die Auseinandersetzungen auch mit Verletzungen vor allem im Bereich der Ohren und Beine. Die Haltung auf Torf, Kleintier- oder Hanfstreu hat sich bewährt. Bei tragenden Weibchen ist darauf zu achten, dass keine stark saugenden Untergründe vorhanden sind (s. u.). Männchen können Handtücher als Versteck bekommen, Weibchen erhalten ein Plastikhaus („Igel-Iglu"); beide Versteckmöglichkeiten sind leicht zu reinigen. Zusätzlich werden die Haltungsbecken für meine Ägyptischen Langohrigel geheizt, sodass Tagestemperaturen von über 22–24 °C (lokal bis zu 30 °C) herrschen, nachts

Ägyptischer Langohrigel (*Hemiechinus auritus aegyptiacus*)

kann die Temperatur deutlich niedriger sein. Trotz seiner Herkunft muss auf Überhitzung geachtet werden, den Tieren muss also immer ein kühles Versteck zur Verfügung stehen.

Die Ernährung von Langohrigeln entspricht der von Weißbauchigeln.

Die Zucht der Langohrigel ist weitaus schwieriger als bei verträglicheren Igelarten. Die Weibchen dieser Art sind nämlich sehr aggressiv und beißen sich, wenn sie nicht rezeptiv (empfängnisbereit) sind, beim Zusammensetzen der Geschlechter sofort in den Ohren oder Beinen des Männchens fest. In einem solchen Fall müssen die Tiere sofort wieder getrennt werden! Weibchen sind etwa einmal in der Woche rezeptiv, paaren sich nach meinen Erfahrungen aber nur zweimal im Jahr (im Frühjahr und Sommer). Gelingt die Paarung, darf das Männchen bis zu 24 Stunden beim Weibchen bleiben und wird dann vertrieben. Die Paarungen verlaufen übrigens fast geräuschlos. Bei der ägyptischen Unterart beträgt die Tragzeit etwa 42 Tage, das Geburtsgewicht der 5 cm großen Jungtiere ca. 8,75 g. Die Augen der kleinen Igel öffnen sich nach 20 Tagen, nach etwa sieben Wochen sind die Tiere entwöhnt – eine vergleichsweise lange Zeit! Die erste Aufnahme fester Nahrung konnte ich stets nach etwa einem Monat beobachten, die Geschlechtsreife kann theoretisch schon kurz nach der Entwöhnung eintreten, Paarungen finden aber meist erst im folgenden Frühjahr statt. Leider kommt es bei diesen Igeln häufig zu Problemen bei der Zucht. Oft liegen die Probleme darin begründet, dass die Jungtiere aufgrund eines stark saugenden Bodengrundes im Geburtskanal stecken bleiben. Außerdem kann Stress (z. B. zu häufige Nestkontrollen) dazu führen, dass die Jungen nicht mehr vom Muttertier angenommen werden.

## Spitzmäuse (Soricidae)

### Asiatische Moschusspitzmaus (*Suncus murinus*)

Als einzige Spitzmaus-Art wird häufiger die Asiatische Moschusspitzmaus gehalten. Die 14–22 cm (plus ca. 8 cm Schwanz) messenden Tiere wiegen 30–80 g (maximal bis 170 g) und haben eine typische Spitzmaus-Gestalt mit einem mäuseartigen Körper, der sehr spitzen Nase und den kleinen Augen. Die nachtaktive Asiatische Moschusspitzmaus hat einen für diese Tierfamilie untypisch kurzen und dicken Schwanz und ist gräulich gefärbt. Wie der Name schon vermuten lässt, haben diese Kleinsäuger Duftdrüsen, die im Falle von möglicher Gefahr oder unter Stress eingesetzt werden – das abgegebene Duftsekret riecht penetrant! *Suncus murinus* stammt aus Südasien (Afghanistan bis China), kommt aber auch – vielleicht als Kulturfolger des Menschen – in afrikanischen Küstengebieten (Ägypten bis Tansania), auf der arabischen Halb-

insel, Madagaskar, Japan und einigen anderen Inseln vor. Dort bewohnt er vor allem Wälder, Kulturland und menschliche Siedlungen. Im Gegensatz zu vielen anderen Spitzmäusen lebt diese Art in der Natur in Paaren oder Gruppen zusammen. Die natürliche Nahrung besteht hauptsächlich aus Insekten, es wird aber auch Fleisch (Aas, Nestlinge) und selten pflanzliche Nahrung aufgenommen. Asiatische Moschusspitzmäuse leben in menschlichen Siedlungen häufig von Abfall und den darin befindlichen Kleintieren.

Die Haltung dieser Spitzmaus-Art ist recht einfach. Ein geräumiges Terrarium (mindestens 100 x 50 x 50 cm) sollte den bewegungsfreudigen Tieren geboten werden, wobei die Einrichtung aus einigen Steinen, Korkröhren und Ästen sowie einem Schlupfkasten (z. B. kleiner Vogelnistkasten) bestehen sollte. Als Einstreu verwendet man ein Torf-Laub-Gemisch (3:1) oder Hobelspäne. Tagestemperaturen von über 22 °C sollten stets eingehalten werden, eine nächtliche Absenkung auf nicht unter 18 °C ist möglich. In einem solchen Terrarium können ein Pärchen und seine Junge zusammen leben. Eine Moschusspitzmaus-Gruppe bewohnt im Allgemeinen ein gemeinsames Nest, das mit Heu ausgepolstert werden kann.

Spitzmäuse haben einen geradezu rasanten Stoffwechsel, benötigen also erstaunlich viel Futter für ihre doch geringe Größe. Eine Überfütterung ist also nahezu ausgeschlossen. Im Terrarium werden den Tieren Heimchen, Grillen, Mehlwürmer und Regenwürmer angeboten, zusätzlich kann gehaltvolles Katzenfeucht-

Asiatische Moschusspitzmaus
(*Suncus murinus*)
Foto: Klaus Rudloff

futter, Igelfutter und gelegentlich süßes Obst gereicht werden. Moschusspitzmäuse nehmen Wasser aus Nippeltränken an. Es sollte „rund um die Uhr" Futter zur Verfügung stehen.

Die Zucht dieser kurzlebigen (ca. 2 Jahre) Kleinsäuger ist einfach. Würfe registrierte man während des gesamten Jahres. Die Jungen werden nach einer Tragzeit von etwa 30 Tagen im gemeinsamen Nest geboren und aufgezogen. Die Jungen sind nach 14–21 Tagen entwöhnt und kurz darauf selbst geschlechtsreif. Während des Säugens kann eine Störung im Nest der Grund für den Einsatz der Duftdrüsen sein, die ansonsten im Terrarium selten eingesetzt werden.

Weitere Arten sind manchmal erhältlich, z. B. die aus Süd-Europa, Nord-Afrika, Südasien und Sri Lanka stammende **Etrusker-Spitzmaus** (*Suncus etruscus*). Sie sind ähnlich zu halten, allerdings stehen alle europäischen Spitzmäuse unter Artenschutz (BartSchV)!

## Fledertiere (Chiroptera) Flughunde (Pteropodidae)

### Nil-Flughund (*Rousettus aegyptiacus*)

Die Haltung von Fledertieren ist grundsätzlich nicht einfach und benötigt enorme Terrariengrößen. Regelmäßig zu erhalten sind trotzdem Nil-Flughunde, eine fruchtfressende Art, die von der Türkei und Zypern bis nach Pakistan und auf der Arabischen Halbinsel sowie in Ägypten und dem größten Teil Afrikas südlich der Sahara weit verbreitet ist. Die meisten gehaltenen Tiere stammen aus Ägypten. Die nachtaktiven Flughunde erreichen eine Größe von etwa 10 cm (Kopf-Rumpf-Länge) bei 95–100 g Gewicht und leben in einer ganzen Reihe von Habitaten vom Flachland bis in höhere Bergregionen, solange nur das Klima stimmt (also das ganze Jahr über Früchte zu finden sind) und Unterschlüpfe (Höhlen, große Bäume) vorhanden sind. Nil-Flughunde kommen in der Natur in Gruppen von bis zu 9.000 Tieren vor und gelten vielerorts als Ernteschädlinge auf Obstplantagen.

Für die Haltung einer Gruppe von Nilflughunden sind Halbzimmerterrarien von mindestens zehn

Nil-Flughund (*Rousettus aegyptiacus*)   Foto: Klaus Rudloff

Quadratmetern Größe nötig. Das Terrarium muss mit Hilfe von Bodenheizungen auf eine Lufttemperatur von etwa 24–28 °C aufgewärmt werden, eine erhöhte Luftfeuchtigkeit, die durch eine beheizte Wasserschale erreicht werden kann, ist förderlich für eine erfolgreiche Haltung; Heizlüfter sollten nicht genutzt werden, sie trocknen die Luft zu sehr aus. Als Ausstattung sind Äste und Rindenstücke wichtig, an denen sich die Tiere im oberen Terrarienbereich festhalten können; es muss natürlich viel Freiraum für Flüge bleiben. Die Decke des Terrariums kann mit Draht bespannt werden, sodass sie vollständig als „Hängeplatz" nutzbar ist. Den Tag verschlafen die Tiere an ihrem Stammplatz herabhängend. Der Futternapf sowie eine Tränke müssen

Nil-Flughund (*Rousettus aegyptiacus*) in Ruheposition
Foto: Klaus Rudloff

Kleiner Lanzennasen-Fruchtvampir (*Phyllostomus discolor*)
Foto: Klaus Rudloff

erhöht aufgestellt werden. Als Bodengrund eignen sich Zeitungspapier, Hobelspäne oder Katzenstreu, die fast täglich ausgewechselt werden müssen.

Es ist möglich, die Tiere abends, kurz nach dem Erwachen, in der Wohnung umherfliegen zu lassen, da in dieser Zeit kaum Kot abgegeben wird. Um die Tiere zurück in das Terrarium zu bekommen, wird einfach die frisch gefüllte Futterschale ins Becken gestellt. Übrigens erkennen Flughunde Glasscheiben aufgrund ihres Ultraschall-Apparates.

Der Nahrungsbedarf dieser Flughunde ist enorm, weswegen Halter häufig spaßhaft von „Durchlauferhitzern" sprechen. Verschiedenstes süßes Obst sowie Fruchtbrei und Fruchtsäfte werden angenommen. Den hohen Wasserbedarf decken die Tiere an einer großen Nippeltränke.

Die Zucht von Nilflughunden gelingt bei richtiger Haltung ohne weiteres Zutun. Paarungen wurden von Dezember bis Februar oder Juni bis September beobachtet, etwa vier Monate später kommt meist ein 20 g schweres Junges (selten Zwillinge) zur Welt, das in der ersten Zeit ständig am Körper der Mutter getragen wird. Weitere drei bis vier Monate später ist das Junge selbst flugfähig und völlig selbstständig. Meist gibt es nur einen Wurf pro Jahr.

## Blattnasenfledermäuse (Phyllostomidae) Kleiner Lanzennasen-Fruchtvampir

### (*Phyllostomus discolor*)

Ebenfalls ein Fruchtfresser ist der Kleine Lanzennasen-Fruchtvampir aus Südamerika. Er kommt von

Die Haltung der Gleithörnchen erfolgt in einem großen Terrarium mit vielen Klettermöglichkeiten. Als Mindestmaße für ein Paar müssen 120 x 60 x 120 cm angesehen werden, besonders wichtig ist dabei die Höhe des Beckens! Wollen Sie auch den Gleitflug der Tiere beobachten können oder eine größere Gruppe halten, so sind Terrarien von mindestens 250 x 100 x 200 cm nötig. Ein abendlicher Freilauf im gesicherten (!) Zimmer ist möglich und sorgt für Bewegung und Abwechslung für diese neugierigen Nager. Es können Pärchen, reine Männchengruppen oder Harems gehalten werden, wenn für jedes Tier ein eigenes Versteck zur Verfügung steht. Zur Ausstattung gehören allerlei Äste in verschiedenen Stärken, auch feste Taue werden gerne zum Klettern genutzt. In großen Becken sollte genügend Freiraum für Gleitflüge bleiben. Die Rück- und Seitenwände des Terrariums können mit Draht oder künstlichen Felsen verkleidet werden – dann nutzen die Assapans auch diese Flächen. Mindestens ein Versteck pro Tier (z. B. Vogelnistkästen) wird im oberen Teil des Beckens befestigt, als Nistmaterial nehmen die Tiere u. a. Heu und Hamsterwatte an. Der Futternapf und die Nippeltränke müssen ebenfalls hoch installiert werden. Als Bodengrund eignen sich Torf oder Kleintiereinstreu.

Als Hauptfutter erhalten Assapans Hörnchenfutter sowie zusätzlich gelegentlich ungeröstete Hasel- und Walnüsse. Auch frische Haselnusszweige werden gerne entrindet. Während meine Exemplare Wasser nur selten aufnahmen, steht Obst (Apfel, Birne, Melone etc.) bei den Tieren hoch im Kurs. Auf Heuschrecken und *Zophobas*-Larven werden regelrechte Jagden veranstaltet. Auch Katzentrocken- und -feuchtfutter wird angenommen.

Die Nachzucht von *Glaucomys volans* gelang schon häufig und wird in den USA inzwischen im großen Stil vollzogen, um die wachsende Nachfrage auf dem Heimtiermarkt zu befriedigen. Bei tiergerecht gepflegten Pärchen, denen in einem großvolumigen Terrarium mehrere Verstecke zur Verfügung stehen, kommt es meist im Dezember und Juni zu Paarungen. Ist das Weibchen trächtig, sollte das Männchen aus dem Terrarium genommen werden, damit es die Trächtigkeit und Aufzucht nicht behindert oder gar die Jungen frisst. Nach einer Tragzeit von 40 Tagen werden ein bis sechs nackte Jungtiere geboren, die ein Gewicht von nur 2–3 g aufweisen. Nach sieben bis neun Wochen sind die jungen Gleithörnchen entwöhnt und können von der Mutter getrennt werden. Schon nach dem ersten Winter sind sie geschlechtsreif.

Assapans (*Glaucomys volans*) begeben sich nur selten auf den Boden des Terrariums.

Das sehr ähnlich gefärbte, deutlich seltener angebotene **Nördliche Gleithörnchen** (*Glaucomys sabrinus*) ist genauso zu pflegen und ernähren wie die vorgenannte Art, stammt jedoch aus kühleren Regionen (Alaska, Kanada, NW-USA) und wird ein wenig größer (25–28 cm Gesamtlänge). Die beiden Arten können dadurch unterschieden werden, dass das Nördliche Gleithörnchen eine eher hellgraue Bauchseite aufweist, außerdem sind der Schwanz und die Gleithauträder deutlicher dunkel abgesetzt als beim Assapan. Im Gegensatz zum Südlichen Gleithörnchen hält diese Art eine Winterruhe, die wie bei Zieseln durchgeführt werden kann (s. o.), und bekommt meist nur einmal im Jahr (Mai bis Juni) zwei bis vier Junge. Die Entwicklung der Junghörnchen verläuft geringfügig langsamer als die der Nachkommen des Assapans.

Die Pflege-Angaben für das Nördliche Gleithörnchen treffen auch auf das seltener gepflegte, etwas größere **Eurasische Gleithörnchen** (*Pteromys volans*) zu, das von Finnland bis nach Sibirien und Korea vorkommt und eine Größe von 14–20 cm (plus 9–14 cm Schwanz) bei einem Gewicht von 90–170 g erreicht. Es unterscheidet sich vorgenannten Arten durch einen runderen Kopf und deutlich hervorstehende Augen. Diese Art ist geschützt!

## Springmäuse (Dipodidae)

### Kleine Wüstenspringmaus (*Jaculus jaculus*)

Die in den Wüsten- und Halbwüstengebieten von Marokko und Senegal bis SW-Iran und Somalia weit verbreiteten Kleinen Wüstenspringmäuse sind regelmäßig als Wildfänge und inzwischen auch immer häufiger als Nachzuchten zu bekommen – Letztere sind wesentlich unempfindlicher und leichter zu züchten. Die hochbeinigen Nager haben ein typisch sandfarbenes Fell, das auf der Bauchseite heller erscheint, und erreichen eine Körpergröße von etwa 12 cm zuzüglich 15 cm Schwanz bei ca. 55 g Gewicht. Der Schwanz bildet am Ende eine Quaste, die am Ansatz schwarz, am Ende dagegen weiß gefärbt ist. Typisch ist die hüpfende oder hopsende Bewegungsweise dieser Tiere – bei Gefahr können sie sozusagen in Kängurumanier sogar bis zu 1 m weite Sprünge vollführen. Springmäuse sind nachtaktiv und legen auf der Suche nach Nahrung große Strecken zurück. Die natürliche Nahrung der Wüstennager besteht aus Wurzeln, Sprossen, Samen und vom Menschen angebautem Gemüse; pures Wasser wird nie aufgenommen. Die Kleine Wüstenspringmaus lebt einzelgängerisch in Bauen, die aus einem Hauptgang, einer Schlafkammer (mit einem Nest aus Kamelhaaren und zerschlissenen Pflanzenteilen) sowie einigen Notausgängen besteht. Die Große Springmaus (s. u.) unterhält zudem eine Vorratskammer. Springmäuse halten meist keinen Winterschlaf, ziehen sich aber bei besonders kaltem, nassem oder heißem Wetter für mehrere Tage in den unterirdischen Bau zurück und zehren von Fettreserven oder gesammeltem Futter. *Jaculus jaculus* kann ein Alter von über sechs Jahre erreichen.

Eurasisches Gleithörnchen
(*Pteromys volans*)
Foto: Klaus Rudloff

Kleine Wüstenspringmaus (*Jaculus jaculus*)

Die Pflege dieser vergleichsweise anspruchslosen Nager ist nicht kompliziert, lediglich die Nachzucht bereitet häufig Probleme. Für die Haltung eines Pärchens empfiehlt sich ein Terrarium mit den Mindestmaßen 150 x 80 x 80 cm. In Becken dieser Größe kommt es im Normalfall nicht zu Auseinandersetzungen unter den Tieren, streiten sich die Tiere aber dennoch ständig, muss man sie trennen und einzeln halten – nur zur Paarung setzt man sie dann zusammen. Die Haltung von Pärchen hat sich in vielen Fällen bewährt, manche Halter pflegen ihre Tiere sogar in größeren Gruppen von vier bis acht Individuen beiderlei Geschlechts, ohne dass Probleme auftreten. Die Nager erhalten einen Bodengrund (Sand oder Sand-Lehm-Gemisch), der mindestens in einer Höhe von 10 cm in das Becken eingebracht wird. Durch Sieben und gelegentliches Austauschen sorgt man für Sauberkeit und vor allem Trockenheit. Einige Steine oder trockene Wurzeln strukturieren das künstliche Habitat – es muss aber genügend Platz zum Laufen übrig bleiben! Wichtig sind vor allem zwei Verstecke pro Paar, deren Einstieg sich vorzugsweise in 5 cm Höhe befindet (s. u.). Dafür eignen sich stabile Vogelnistkästen oder Unterschlüpfe aus Ton, Stein oder Zement. In dem Versteck wird ein großes Kugelnest aus Heu, Hamsterwatte und/oder Schafswolle gebaut. Neben einer starken Lichtquelle installiert man in der Mitte des Terrariums über einem Stein einen Heizstrahler, unter dem die Tiere gerne „sonnenbaden". Tagestemperaturen von 22–26 °C (lokal bis 30 °C) und nächtliche Werte von 18–20 °C sollten nicht unterschritten werden. Bei diesen Tieren ist verstärkt auf eine gute Belüftung des Beckens zu achten.

Große Wüstenspringmaus (*Jaculus orientalis*)

Die Ernährung im Terrarium besteht vor allem aus einer reichhaltigen Samenmischung (z. B. Hamster- oder Hörnchenfutter), das ständig vorhanden sein sollte – Springmäuse neigen selten zu Übergewicht. Häufig werden Pellets nicht gefressen. Zusätzlich reicht man den Tieren täglich Wildkräuter, frisches Gemüse (Möhre, Gurke, Salat) und wenig Obst (z. B. Apfel), auch Insekten oder Katzentrockenfutter dürfen gelegentlich auf dem Speiseplan stehen. Viele Individuen haben sehr einseitige Vorlieben bei der Ernährung (z. B. nur Hafer und Eisbergsalat). Die meisten *Jaculus* nehmen nur spärlich Wasser aus einer Nippeltränke auf. Ein Salzleckstein sollte vorhanden sein.

Die Nachzucht der Kleinen Wüstenspringmaus gilt als schwierig. Dies liegt an zwei Verhaltensweisen der Nager, denen bei Zuchtbemühungen große Aufmerksamkeit geschenkt werden muss: In freier Natur leben die Tiere vorwiegend einzelgängerisch, und bei den Weibchen ist das für die meisten Nager so typische Rücktrageverhalten von aus dem Nest gefallenen Jungen nur schwach ausgebildet. Bei der Haltung eines verträglichen Pärchens ist die Nachzucht manchmal auch ohne Trennung der Geschlechter möglich. Kommt es jedoch zu Aggressionen, muss das Männchen für die Zeit der Jungenaufzucht in einem anderen Terrarium untergebracht werden. Einige Halter berichten von Zuchterfolgen bei Gruppenhaltung: Sie halten die Tiere in einem großen Terrarium zusammen, nur tragende Weibchen werden herausgefangen und in ein eigenes Becken gesetzt, wo sie die Jungen ohne Störungen aufziehen. In solchen Gruppen schlafen häufig alle Tiere in einem gemeinsamen Versteck, und es kommt nur äußerst selten zu Streitereien. Werden die Weibchen nicht abgetrennt, haben die Jungen keine

Vierzehen-Pferdespringer (*Allactaga tetradactyla*)

den können. Die Zucht ähnelt der von *Jaculus jaculus*, die Tragzeit beträgt allerdings 40 Tage. Die Tiere verschließen ihr Nest meistens mit Sand und/oder Nistmaterial. Seltener erhältlich als die beiden zuvor beschriebenen Arten sind die etwa 8 cm (plus 12 cm Schwanz) große, einzelgängerische **Raufuß-Springmaus** (*Dipus sagitta*), die vom Kaukasus und dem nordöstlichen Iran bis in die Mandschurei zu finden ist, und der etwa gleich große, ebenfalls eher einzelgängerische **Vierzehen-Pferdespringer** (*Allactaga tetradactyla*) aus den Küstenregionen von Libyen und Ägypten. Die Haltung dieser beiden Arten entspricht im Wesentlichen der von *Jaculus jaculus*. Die Zucht des Vierzehen-Pferdespringers gelang bisher noch nie, lediglich trächtig importierte Weibchen gebaren Junge. Daher sollte diese Art erfahrenen Haltern vorbehalten bleiben. Für die Zucht von Pferdespringern könnte die Gabe von Kamelhaaren als Nistmaterial wichtig sein. Weitere *Allactaga*-Arten sind im zentralasiatischen Raum zu finden, werden aber nur selten in Deutschland angeboten. Ihre Haltung ist einfach, die Zucht allerdings wegen der Notwendigkeit einer Überwiterung bisher nur sehr selten gelungen.

## Mäuseartige (Muridae)

### Kaktusmaus (*Peromyscus eremicus*)

Als einzige Art der Neuweltmäuse (Sigmodontinae) wird regelmäßig die Kaktusmaus gehalten und nachgezogen. Sie stammt aus den Trockengebieten im Südwesten der USA, Nord-Mexikos und der Baja California und bewohnt somit vor allem Wüsten (Mojave, Colorado-Wüste). Das Fell der nur 5–7 (plus 12 cm Schwanz) großen, sehr flinken Mäuse ist sandfarben und grau. Die Bauchseite ist gräulich gefärbt, die Füße sind weiß behaart. In freier Natur ernähren sich Kaktusmäuse von grüner Vegetation, Samen, Beeren, Früchten und Insekten. Sie sind nachtaktiv und produzieren das ganze Jahr über Junge (meist drei Würfe), wenn das Wetter nicht zu schlecht ist. Das Sozialverhalten in der Natur wird – je nach Autor – als paarbildend bis einzelgängerisch-territorial beschrieben. Das Maximalalter dieser Art liegt im Terrarium bei über fünf Jahren.

Chance und werden von den anderen Springmäusen gefressen. Als weiterer wichtiger Punkt haben sich Nistkästen mit hohem Einstieg erwiesen. So können die Jungen nicht aus dem Nest kugeln. Besonders effizient sind in diesem Zusammenhang so genannte Etagennistkästen, die im Handel erhältlich sind. Insgesamt wird von Zuchterfolgen unter völlig verschiedenen Bedingungen berichtet. Alle drei Monate können die Weibchen nach einer Tragzeit von nur 23–25 Tagen ein bis vier Junge bekommen. Erst nach etwa zwei Monaten sind diese völlig selbstständig, und die Mutter kann wieder zum Männchen oder in die Gruppe gesetzt werden. Springmäuse sind erst mit acht bis zwölf Monaten geschlechtsreif.

Die Haltung der strikt nachtaktiven **Großen Wüstenspringmaus** (*Jaculus orientalis*) stimmt mit derjenigen der Kleinen Wüstenspringmaus größtenteils überein. Diese Art erreicht jedoch eine Körpergröße von etwa 13,5–16 cm (plus 19,5–25 cm Schwanz) und ein Gewicht von etwa 110–145 g, weswegen das Terrarium etwa 30 % größer zu wählen ist! Im Gegensatz zur Kleinen Wüstenspringmaus ist *Jaculus orientalis* auch in der Natur ein Gruppentier, sodass in entsprechend großen Anlagen vier bis acht Tiere gemeinsam gehalten wer-

Kaktusmaus (*Peromyscus eremicus*)

Die Haltung dieser interessanten Mäuse mit den großen Ohren ist in Trockenterrarien problemlos möglich. Gute Erfolge wurden bei der Haltung von Paaren erzielt, denen ein Terrarium mit den Mindestmaßen 80 x 40 x 40 cm zur Verfügung stand. Als Einrichtung dienen einige größere Steine und Wurzeln, einige etwa daumendicke Kletteräste sowie ein offenes Versteck (z. B Unterstand aus Korkrinde oder Steinen). Da die Tiere wenig graben, reicht eine etwa 4 cm dünne Bodenschicht aus einem Sand-Torf-Gemisch oder Hobelspänen. In Menschenhand kann man die Tiere häufig auch am Tage zusammengekuschelt beobachten, besonders bevorstehende Würfe kündigen sich durch vermehrtes Nistmaterialsammeln des Weibchen an. Als Nistmaterial eignen sich Heu, Stroh und trockenes Laub. Die Installation eines schwachen Strahlers über einem Stein sorgt für die nötige Wärme im Terrarium, nämlich 20–24 °C (lokal 28–30 °C) tagsüber und 16–18 °C nachts. Bei mir liegen die Nager häufig tagsüber zum Sonnenbad unter der Lampe.

Kaktusmäuse sind sehr genügsame Fresser, die aufgrund ihres trockenen natürlichen Lebensraums nur wenig Wasser aufnehmen und kaum Urin produzieren. Allerdings muss darauf geachtet werden, Feuchtigkeit zu vermeiden, Wasserschalen sind daher völlig ungeeignet! Wasser kann in Nippeltränken oder in Form von saftigem Gemüse angeboten werden. Dazu eignen sich vor allem Gurke und Apfel, aber auch frische Wildkräuter und Gras werden gerne angenommen. Als Hauptfutter erhalten die Tiere Mäuse- oder Hamster-Futtermischungen. Gelegentlich sollten die Nager auch Insekten bekommen, wobei Grillen, Heimchen und Mehlwürmer sehr gerne gejagt und gefressen werden.

Die Zucht der Kaktusmäuse ist in einem passenden Terrarium schon häufig gelungen. Fortpflanzungsaktivitäten sind das ganze Jahr zu beobachten. Die Tragzeit beträgt etwa 21–27 Tage, nach der die ein bis sechs etwa 2,2 g schweren Jungen geboren werden. Die Jungen sind nach 25 Tagen entwöhnt, bleiben aber meist noch mindestens einen Monat bei der Mutter und sind nach wenigen Monaten selbst geschlechtsreif. Unter idealen Bedingungen sind etliche Würfe pro Jahr möglich – der Rekord liegt bei zwölf Würfen in zwölf Monaten.

Vor einigen Jahren war eine weitere Neuweltmaus-Art regelmäßig auch bei Privathaltern anzutreffen: die **Baumwollratte** (*Sigmodon hispidus*). Die ca. 15 cm (plus ca. 11 cm Schwanz) großen Baumwollratten findet man in der Natur von den südlichen Vereinigten Staaten bis nach Nord-Venezuela und Nordwest-Peru. Sie leben meist einzelgängerisch, bilden im Terrarium aber sehr enge Paargemeinschaften sowie feste Hierarchien in Gruppen. Die paarweise Pflege hat sich als vorteilhaft erwiesen. Die Haltung der braun gefärbten Neuweltmäuse ist ebenso einfach wie die der vorgenannten Art, lediglich die Terrarienmaße sollten für diese Art etwa 30 % größer gewählt werden als für die Kaktusmäuse. Die Zucht gelingt bei richtiger Haltung regelmäßig. Nach einer Tragzeit von 27 Tagen werden ein bis zwölf Junge geboren, die schon nach spätestens sieben Tagen entwöhnt sind. Die Geschlechtsreife wird mit etwa anderthalb Monaten erreicht. Nachdem die Tiere zwischenzeitlich sehr selten geworden waren, kann man sie nun wieder häufiger in privaten Kleinsäuger-Terrarien antreffen.

### Echte Zwerghamster (*Phodopus*)
Von den Zwerghamstern werden vor allem die sehr nah verwandten **Campbell-Zwerghamster** (*Phodo-*

pus campbelli) und **Dshungarischen Zwerghamster** (*Ph. sungorus*) gepflegt. Diese Tiere haben die typische gedrungene Gestalt der Echten Zwerghamster, mit kurzen Beinen und einem sehr kurzen Schwanz von lediglich einigen Millimetern Länge. Die Kopf-Rumpf-Länge beträgt bei *Phodopus campbelli* etwa 6–7,5 cm. Das durchschnittliche Gewicht der kleinen Wühler liegt bei ca. 23 g. Der wildfarbene Campbell-Zwerghamster ist auf dem Rücken gräulich braun gefärbt und besitzt einen dunklen Dorsalstreifen (Rückenstreifen); das Bauchfell ist weißlich. Der etwa 1–2 cm kleinere Dshungarische Zwerghamster unterscheidet sich im Aussehen nur geringfügig vom Campbell-Zwerghamster, das Fell ist aber eher graublau und deutlich flauschiger. In freier Natur und bei kühler Haltung wechselt *Phodopus sungorus* vor der kalten Jahreszeit zudem das Fell in ein helleres Winterkleid. Von Campbell- und Dshungarischen Zwerghamstern sind etliche Farbschläge bekannt.

Der Campbell-Zwerghamster kommt in der Mongolei sowie in den südlichen Teilen Zentralsibiriens und der Mandschurei vor, auch in Nordostchina wurde diese Art nachgewiesen. Der Dshungarische Zwerghamster stammt ursprünglich aus Kasachstan und Südwest-Sibirien. Diese Zwerghamster bewohnen dort in Kolonien trockene Gebiete, Dünen und Steppen mit relativ wenig niedrigem Bewuchs. Die Hauptaktivitätszeiten der Tiere liegen in freier Natur in den frühen Morgen- und späten Abendstunden. Beinahe alle Zwerghamster bauen als typische Wühler Gangsysteme, die sie vor allem in der kalten Jahreszeit benutzen. Die Nestkammer – jeder Zwerghamster hat seine eigene – liegt in nur etwa 30 cm Tiefe. In der Natur besteht die Nahrungspalette vor allem aus den Samen von verschiedenen Gräsern sowie gelegentlich Insekten. Zwerghamster können im Terrarium über drei Jahre alt werden.

Die paarweise Haltung in ausgedienten Aquarien ist bei Zwerghamstern üblich, bei entsprechend großen Becken können vor allem Campbell-Zwerghamster auch in Gruppen gepflegt werden. Dabei ist allerdings darauf zu achten, dass genügend Versteckmöglichkeiten für jedes Tier vorhanden sind! Kommt es trotz ausreichend Platz regelmäßig zu handfesten Auseinandersetzungen, sollte die Gruppe getrennt werden. Kleinere, spielerische Rangeleien gehören aber zum normalen Verhalten. Die Größe des „trockengelegten" Aquariums sollte 60 x 30 x 40 cm für ein Paar oder drei Tiere nicht unterschreiten. Kopfstarke Gruppen benötigen natürlich entsprechend mehr Lauffläche. Die Einstreu kann aus staubfreien Hobelspänen bestehen, Teile des Beckens können auch mit Torf oder einem Torf-Sand-Gemisch befüllt werden. Die Einstreuhöhe sollte mindestens 10 cm betragen! Die Kotecke der Tiere muss mehrmals wöchentlich gereinigt werden, sodass keine Staunässe auftritt. Zur Strukturierung des Geheges werden Steine, Papphröhren und Korkrindenstücke eingebracht, Äste sollten nicht zu hoch führen, damit sich die ungeschickten Kletterer bei Stürzen nicht verletzen. Als Nistmaterial gibt man Heu, Stroh oder Zellstoff, auch trockenes Laub wird gerne benutzt. Ein Sandbad und eine mit Erde befüllte Buddelkiste nehmen meine Exemplare gerne an.

Campbell-
Zwerghamster
(*Phodopus
campbelli*)

Auf einen Futternapf kann man verzichten, vielmehr sollte das Futter im ganzen Terrarium verteilt werden, damit die Tiere ihren natürlichen Sammeltrieb ausleben können. Als Hauptfutter dient Zwerghamster- oder Goldhamsterfutter, das 1:1 mit Waldvogelfutter gemischt wird. Es ist darauf zu achten, dass die kleinen Hamster nicht verfetten. Zusätzlich erhalten die Nager frisches Gras, Wildkräuter (Löwenzahn!), Gemüse (Gurke, Möhre, Salat) und festes Obst (z. B. Apfel). Einmal in der Woche sollten auch Insekten (Grillen, Heimchen, Mehlwürmer) auf dem Speiseplan stehen, die gerne gejagt und sofort verspeist werden; ersatzweise kann auch Katzentrockenfutter angeboten werden. Den Wasserbedarf der Tiere stillt man über Grünzeug oder eine Nippeltränke, wobei die Tränke bei der Aufzucht von Jungtieren unbedingt notwendig ist.

Die Nachzucht der Dshungarischen und Campbell-Zwerghamster ist sehr einfach und geschieht ohne Zutun des Halters regelmäßig während des gesamten Jahres (einhergehend mit der Umfärbung zum Winterfell bleiben beim Dshungarischen Zwerghamster Nachzuchten aus). Die Zwerghamster sind dabei sehr produktiv: Von *Phodopus campbelli* werden sogar 18 Würfe pro Jahr berichtet – die Zucht sei also wohl überlegt! Die Tragzeit beträgt nur 13–22 Tage; danach können ein bis

Roborowski-Zwerghamster (*Phodopus roborovskii*)

neun nackte, nur 1–2 g schwere Junge geboren werden. Schon nach 17 Tagen sind sie entwöhnt und erreichen sechs bis zehn Wochen später die Geschlechtsreife. Das Männchen muss während der Aufzucht nicht abgetrennt werden, manche Väter helfen sogar beim Wärmen der Jungen.

Der nur etwa 5 cm große **Roborowski-Zwerghamster** (*Phodopus roborovskii*) ist sehr einfach von den beiden vorgenannten Arten zu unterscheiden, da er ein sandfarbe-

Dshungarischer Zwerghamster (*Phodopus sungorus*)

Roborowski-Zwerghamster (*Phodopus roborovskii*) beim Putzen

nes Fell ohne dunklen Rückenstreifen besitzt. Der Roborowski-Zwerghamster wurde im Osten Kasachstans und den nördlichen Gebieten Chinas nachgewiesen und bewohnt dort ebenfalls trockene Steppengebiete und Dünen. Diese Art bildet monogame Paare, wobei nicht jedes Paar harmoniert. Am häufigsten vertragen sich Geschwister gut, kommt es zu Rangeleien, muss das Paar getrennt und eine andere Zusammenstellung versucht werden. Obwohl dieser Zwerghamster kleiner ist als die vorgenannten, sollte das Becken wegen seiner Bewegungsbedürftigkeit etwa 30 % größer sein! Als Bodengrund kann zumindest teilweise auch Sand genutzt werden. Die Zucht ist komplizierter als bei den anderen beiden Arten, da nicht harmonierende Paare keine Jungen zeugen. Ansonsten ähnelt die Haltung von Roborowski-Zwerghamstern derjenigen der beiden anderen *Phodopus*-Arten.

### Chinesischer Streifenhamster (*Cricetulus griseus*)

Der Chinesische Streifenhamster wird 75–90 mm groß (plus 20–35 mm Schwanz). Auch dieser Zwerghamster trägt – wie der Dshungarische und der Campbell-Zwerghamster – einen dunklen Dorsalstreifen, allerdings ist er kaum mit den Echten Zwerghamstern zu verwechseln, da er deutlich län-

ger und schlanker wirkt. Männliche Tiere haben sehr große Hoden, die die Ausmaße des Kopfes erreichen können. Die natürliche Heimat der Nager sind die Steppen Südsibiriens bis in die Mongolei, Nordchina und Korea.

Chinesische Streifenhamster sind häufig deutlich unverträglicher als die anderen kleinen Hamster, weswegen im Normalfall nur eine Paarhaltung in Becken (80 x 40 x 40 cm) mit mehreren Verstecken oder gar eine Einzelhaltung in Frage kommen. Mit der Pflege eines Paares wurden gute Haltungserfolge erzielt, manchmal lässt die Nachzucht allerdings auf sich warten. Es gibt auch Berichte von Gruppenhaltungen in sehr großen Terrarien, die ohne Stressanzeichen bei den Tieren funktionieren. Ansonsten ist die Haltung und Ernährung weitestgehend mit der von Echten Zwerghamstern identisch. Streifenhamster benötigen lediglich mehr Wasser als die vorgenannten Arten.

Die Zucht ist – wie erwähnt – nicht einfach und gründet nur auf einem harmonierenden Pärchen oder einer harmonierenden Gruppe. Bei ausbleibendem Zuchterfolg kann die Trennung und erneute Zusammenführung der Tiere nur für die Zeit der Paarung erwogen werden. Die Tragzeit beträgt 17–22 Tage, es werden normalerweise zwei bis

sechs, maximal elf Junge geboren, die nach zwei Monaten
die Größe der Erwach-
senen erreichen und ge-
schlechtsreif sind.

Vom langschwänzi-
gen, grau gefärbten
**Maushamster** (*Calomys-*
*cus bailwardi*) wird in
Deutschland vor allem die
turkmenische Unterart C.
*b. mystax* gehalten. Dieser
Hamster lebt vor allem in
trockenen, felsigen Bergregionen Nord-Turmenistans,
dem nördlichen Iran und
Nordwest-Afghanistan, in
denen es keine höhere Vegetation gibt. Das
bevorzugte Habitat scheinen steile Geröllfelder zu
sein, wo die Tiere in Felsspalten Unterschlüpfe suchen – Maushamster graben keine eigenen Baue.
Leider ist diese interessante Zwerghamster-Art in
europäischen Terrarien sehr selten geworden. Ihre

Chinesischer Streifenhamster
(*Cricetulus griseus*)

Haltung ist mit derjenigen der anderen Zwerghamster identisch, allerdings benötigen die Tiere keine
besonders hohe Einstreu, und das Terrarium sollte
nicht kleiner als 80 x 40 x 40 cm sein und mit Ästen

Turkmenischer Maushamster (*Calomyscus bailwardi mystax*)

und Steinen zum Klettern ausgestattet werden. Diese kleinen Hamster erreichen eine Körpergröße von 6–9 cm, dazu kommen noch ca. 8 cm Schwanz, der spärlich behaart ist und nur am Ende mit einer kleine Haarquaste versehen ist. Die Haltung in Paaren in gut strukturierten, geräumigen Terrarien ist bei diesen Hamstern empfehlenswert. Meistens bekommen die weiblichen Maushamster nur zwei bis drei Würfe im Jahr, mit je drei bis sieben nackten Jungen. Die Entwicklung der Jungen verläuft recht langsam, erst mit sechs bis acht Monaten wird das Jungtierfell gegen das Haarkleid der Erwachsenen getauscht. Es wird berichtet, dass Maushamster erst mit 8–12 Monaten geschlechtsreif werden.

Noch seltener werden auch der **Graue Zwerghamster** (*Cricetulus migratorius*), der von Südost-Europa bis West-Pakistan und die Mongolei anzutreffen ist, und der **Daurische Zwerghamster** (*Cricetulus barabensis*) aus Süd-Sibirien, der Mongolei, Nord-China und Korea angeboten. Ihre Haltung entspricht der des ähnlich großen Chinesischen Streifenhamsters. Der **Mongolische Zwerghamster** (*Allocricetus curtatus*) aus der Mongolei und der **Eversmann-Zwerghamster** (*Allocricetulus eversmanni*) aus Kasachstan sind ebenfalls sehr rar geworden. Sie können weitgehend wie *Phodopus*-Arten gepflegt werden.

Der rare **Rattenhamster** (*Tscherskia triton*), der von Nord-Ost-China bis nach Korea und Süd-Ost-Sibirien vorkommt, ist mit einer Körperlänge von 18–25 cm (!) (plus 7–10 cm Schwanz) deutlich größer und benötigt daher ein wesentlich geräumigeres Terrarium (mindestens 120 x 50 x 50 cm) als die

vorgenannten Arten. Nur während der Paarungszeit im Frühjahr werden Paare der einzelgängerischen Hamster für zehn Tage zusammengesetzt, dann vertreibt das Weibchen das Männchen und zieht die Jungen alleine groß.

Natürlich kann auch der 9–15 cm große **Syrische Goldhamster** (*Mesocricetus auratus*), der in beinahe jedem Zoofachgeschäft angeboten wird, im Terrarium gepflegt werden. Eine Einzelhaltung ist bei dieser Art vorzuziehen, das Terrarium (oder „trockengelegte" Aquarium) sollte eine Mindestgröße von 100 x 50 x 50 cm nicht unterschreiten und mit einem mindestens 15 cm hohen Bodengrund ausgestattet werden. Von dieser Art gibt es etliche Farb- und Fellvarianten. Neben Hamsterfutter als Grundnahrung sollten auch Grünfutter und eiweißreiche Nahrung (z. B. Mehlwürmer) gereicht werden. Mehr Informationen über die Haltung von Goldhamstern finden sich in der Spezialliteratur.

## Blasse Rennmaus (*Gerbillus perpallidus*)

Die aus Nordwest-Ägypten stammende Blasse Rennmaus erreicht eine Körperlänge von ca. 11 cm, der auf der Unterseite weiß gefärbte, nur spärlich behaarte Schwanz misst 13–14 cm. Die recht schlank wirkenden, etwa 34–38 g schweren Blassen Rennmäuse sind orange- bis gelbbraun gefärbt, wobei die Färbung an der Körperunterseite allmählich in Weiß übergeht. Typisch für diese Art sind ein Ring aus weißen Haaren um die großen schwarzen Augen und die unpigmentierten, nackten Ohren. In ihrer Heimat leben die Rennmäuse in sozialen Gruppen vor allem in den küstennahen, sandigen Dünen, wo sie eigene Baue anlegen.

Blasse Rennmaus (*Gerbillus perpallidus*)  Foto: Klaus Rudloff

*Gerbillus perpallidus* kann bei guter Haltung über sechs Jahre alt werden.

Die beste Art der Haltung von Blassen Rennmäusen ist sicherlich die Unterbringung in einem großen ausgedienten Aquarium, sodass eine 8–15 cm hohe, aus Hygienegründen häufig zu wechselnde Bodenschicht aus Hobelspänen oder Sand eingefüllt werden kann. Haben die Tiere keinen Sandboden, müssen sie regelmäßig die Möglichkeit zum Sandbad bekommen. Als Mindestmaße für ein Pärchen oder eine kleine Gruppe sollten 100 x 60 x 60 cm angesehen werden. Bei Gruppenhaltung muss die Zahl der Männchen stets kleiner sein als die der Weibchen, da es sonst zu Auseinandersetzungen kommen kann. Einige Steine und Äste oder Wurzeln dienen als weitere Einrichtung, auch Versteckmöglichkeiten (z. B. Vogelnistkästen, Korkrindenstücke, Nagerhäuschen) sollten natürlich nicht fehlen. Als Nistmaterial werden Heu und Zellstoff gerne angenommen. Trotzdem sollte genügend freier Raum zum Laufen übrig bleiben. Die Tagestemperaturen im Terrarium liegen bei 22–26 °C, nachts sollten 18 °C nicht unterschritten werden. Ein Strahler, unter dem die Tiere „sonnenbaden" (Lokaltemperatur bis 30 °C) können, wird gerne angenommen.

Die Ernährung mit käuflichem Rennmausfutter als Hauptnahrung ist problemlos. Verschiedenes Gemüse (v. a. Gurke, Möhre) und Apfel sowie frisches Gras und Wildkräuter wurden von meinen Exemplaren ebenfalls gerne angenommen. Um den Eiweißbedarf der Tiere zu decken, gibt man gelegentlich Insekten (Heimchen, Mehlwürmer), die selbst erjagt werden, oder Katzentrockenfutter. Das Futter wird einfach im ganzen Terrarium verstreut, sodass die Tiere dadurch etwas zusätzliche Beschäftigung erhalten. Wasser wird in einer Nippeltränke angeboten, die Tiere trinken aber wenig. Auch Nagematerial sollte stets vorhanden sein.

Die Zucht der Blassen Rennmaus ist selbst bei Gruppenhaltung der Normalfall und somit keineswegs schwierig. Nach etwa 19–21 Tagen Tragzeit (bei nicht säugenden Weibchen) werden durchschnittlich fünf Jungtiere geboren, die nach spätestens sechs Wochen selbstständig sind.

Seltener wird auch die etwa 10 cm (plus 12 cm Schwanz) große, weitgehend identisch zu pflegende **Cheesman–Rennmaus** (*Gerbillus cheesmani*) gepflegt. Sie stammt von der Arabischen Halbinsel sowie aus dem südwestlichen Iran und wird häufig mit der Blassen Rennmaus verwechselt. Im Gegensatz zur Blassen Rennmaus sind aber bei dieser Art das Orange- bis Gelbbraune der Körperoberseite und das Weiß des Bauches scharf voneinander abgesetzt. Diese Art ist insgesamt ruhiger als die meisten anderen *Gerbillus*-Arten.

Von der Atlantik-Küste der Sahara bis nach Ägypten und Somalia erstreckt sich das Verbreitungsgebiet der nah verwandten **Feld-Rennmaus** (*Gerbillus campestris*). Sie kann unter ähnlichen Bedingungen gehalten, ernährt und gezüchtet werden. Die Tragzeit dieser Art beträgt 20–22 Tage, nach denen durchschnittlich vier bis fünf Junge geboren werden. Nach einem Monat sind die Jungen entwöhnt und können von den Eltern getrennt werden. Die Feld-Rennmaus ist eine eher zurückhaltende Art, die oft auch noch nach langer Pflege flüchtet, wenn der Halter den Raum betritt.

Feld-Rennmaus (*Gerbillus campestris*)   Foto: Klaus Rudloff

### Mongolische Rennmaus (*Meriones unguiculatus*)

Die Mongolische Rennmaus ist sicherlich die am häufigsten in Menschenhand gepflegte Rennmaus. Die Tiere stammen aus der trockenen mongolischen Steppe, wo sie großräumige unterirdische Baue, bestehend aus vielerlei Gängen, Lagern und Schlafräumen anlegen. Meist jeweils eine Familiengruppe der Mongolischen Rennmaus bewohnt ein solches Gangsystem, das gegen Artgenossen verteidigt wird. Wegen der Wasserknappheit in ihrem Habitat produzieren die Nager nur sehr wenig Urin und trockenen Kot, um nicht zu viel kostbares Wasser zu verlieren. Mongolische Rennmäuse, die eine Körpergröße von 10–12 cm bei einer Schwanzlänge von 6–12 cm aufweisen, sind in der freien Natur sowohl tagsüber als auch nachts regelmäßig aktiv, sie meiden lediglich die besonders heißen und kalten Zeiten. Die neugierigen Mongolischen Rennmäuse können bei guter Haltung über fünf Jahre alt werden. Neben den natürlich braun gefärbten Mongolischen Rennmäusen gibt es inzwischen etliche Farbzuchten.Sie werden schnell zahm und lassen sich hervorragend in Terrarien oder umgerüsteten Aquarien pflegen. Die Einrichtung des Terrariums stimmt mit der von *Gerbillus perpallidus* überein, jedoch ist als Bodengrund am besten Kleintiereinstreu (Hobelspäne) geeignet. Für ein Pärchen reicht ein Terrarium mit den Ausmaßen 80 x 40 x 40 cm. Die Paarhaltung ist bei diesen Nagern nach meinen Erfahrungen die sinnvollste, aber auch Familiengruppen können in entsprechend größeren Terrarien gehalten werden. Eine Einzelhaltung hingegen führt zur Vereinsamung und vermehrtem Auftreten von Stereotypien. Ein Sandbad sollte regelmäßig zur Verfügung stehen.

Mongolische Rennmäuse können genauso gefüttert werden wie Blasse Rennmäuse.

Diese Nager werden im Alter von drei Monaten geschlechtsreif, dann kann es bei Paarhaltung zu Kopulationen kommen. Bei der Haltung in Gruppen gebiert manchmal nur das ranghöchste Weibchen Junge. Die Tragzeit beträgt 24 Tage, nach denen ein bis zehn (durchschnittlich 4–5) nur ca. 2,5 g schwere nackte Junge geboren werden. Die jungen Rennmäuse sind nach vier bis sechs Wochen

Mongolische Rennmaus (*Meriones unguiculatus*)

selbstständig. Die männlichen Mongolischen Rennmäuse helfen bei der Pflege der Jungen mit. Weibchen können bis zu einem Alter von anderthalb bis zwei Jahren Würfe großziehen.

### Persische Rennmaus (*Meriones persicus*)

Größer als die vorgenannten Art wird die Persische Rennmaus. Sie erreicht eine Körpergröße von 13–17 cm, der Schwanz misst zusätzlich 14,5–19 cm. Außerdem sind die großen schwarzen Augen, die schwarze Schwanzquaste und das rotbraun gefärbte Fell typisch für die Persische Rennmaus. Die klar abgegrenzte Unterseite des Tieres ist weiß. Das Vorkommensgebiet dieser großen, friedlichen Rennmäuse erstreckt sich von der Osttürkei bis nach Pakistan, wo die Tiere felsige Habitate in bis zu 3.250 m Höhe bewohnen. Häufig bauen sie ihr Nest in Felsspalten oder unter Steinen; wenn sie doch einen eigenen Bau anlegen, ist dieser sehr einfach gestaltet. Persische Rennmäuse leben in kleinen Familiengruppen von zwei bis sechs Erwachsenen und ihren Jungtieren. Diese Art kann ein Alter von bis zu sieben Jahren erreichen.

Persische Rennmaus (*Meriones persicus*)

Die Haltung von persischen Rennmäusen erfordert mehr Platz als die von anderen Nagern dieser Unterfamilie. Ein Terrarium mit den Maßen 150 x 50 x 50 cm stellt das absolute Minimum für die tiergerechte Haltung dar. Da die Tiere gerne klettern, sollten mehrere Steine und starke Äste im Terrarium installiert werden. Als Bodengrund eignet sich Kleinstiereinstreu – Sand sollte nicht genutzt werden, sogar auf ein Sandbad kann bei dieser Art verzichtet werden. Dagegen ist es wichtig, dass die Persischen Rennmäuse Nestboxen erhalten, Heu und Zellstoff werden als Nistmaterial akzeptiert.

Die Ernährung von Persischen Rennmäusen orientiert sich an der von *Gerbillus perpallidus*. Besonderheit: Persische Rennmäuse „hamstern" große Mengen Futter!

Die Zucht von Persischen Rennmäusen ist nicht immer einfach, häufig ist das Problem eine zu beengte Haltung. Die Tragzeit beträgt 28 Tage, es

können bis zu zehn Junge geworfen werden. Die meisten Geburten finden im Frühjahr und Sommer statt. Das Säuglingsnest wird abseits des Gemeinschaftsnests errichtet, und die Mutter hält andere Gruppenmitglieder auf Abstand.

Persische Rennmäuse wurden bei mir sehr zahm, kamen freiwillig auf die Hand und bettelten um Futter.

**Shaws Rennmaus (*Meriones shawi*)** erreicht eine Endkörpergröße von etwa 14–15 cm (plus ebenso langer Schwanz) und ein Gewicht von 150 g. Die Farbe des Felles ist sehr variabel, meist aber Gelbbraun, der Bauch weiß oder cremefarben. Die Tiere weisen eine 3–4 cm lange schwarze Schwanzspitze und jeweils eine gelbliche oder orange Linie von der Körperseite zu den Fußgelenken auf. Ernährung, Terrariengröße und Terrarieneinrichtung entsprechen denen von *M. persicus*, allerdings sind Haltung und Zucht aufgrund der häufig beschriebenen

Unverträglichkeit der Tiere untereinander nicht immer einfach. Die Weibchen sind echte Einzelgänger, die ihr Revier verteidigen, daher müssen Paare häufig getrennt und können nur zur Paarung zueinander gesetzt werden. Die Aggressionen der Weibchen beginnen aber meist erst nach dem zweiten oder dritten Wurf, sodass die Tiere so lange zusammen bleiben können. Treten aber häufiger Rangeleien auf, sollten die Tiere sofort getrennt werden! Die Tragzeit beträgt 24–26 Tage, schon mit vier Wochen sind die Jungen völlig selbstständig. Diese Art reagiert sehr empfindlich auf Störungen während der Jungenaufzucht!

Ähnlich wie *Meriones persicus* ist auch **Sundevalls Rennmaus (*Meriones crassus*)** zu pflegen, wobei vor allem *Meriones crassus perpallidus* aus Ägypten gehalten wird. Während Sundevalls Rennmäuse aus Pakistan, Afghanistan und dem Iran nur etwa 9–11 cm Körpergröße (plus 10 cm Schwanz) aufweisen, werden Tiere mit afrikanischer Herkunft ca. 13–15 cm groß, wobei der Schwanz ebenso lang ist. Diese Unterart wird häufig mit *Meriones shawi* verwechselt. Die beiden Formen können anhand des längeren Schwanzes von *M. crassus perpallidus* unterschieden werden, außerdem sind Sundevalls Rennmäuse rötlicher gefärbt, Shaws Rennmäuse eher gräulich. Sundevalls Rennmäuse leben in Gruppen und legen komplexe Baue an. Selbst Wildfänge dieser nachtaktiven Mäuse sind ruhig und beißen nicht. Bei der Ernährung ist besonders auf einen hohen Anteil an Grünfutter zu ach-

Shaws Rennmaus (*Meriones shawi shawi*)    Foto: Klaus Rudloff

ten. Die Haltung ist weitestgehend identisch mit derjenigen der vorangegangenen Arten, es sollten aber Nistkästen angeboten werden, die von den Nagern vorzugsweise mit Zellstoff als Nistmaterial bestückt werden. Die Tragzeit beträgt 22–24 Tage, die vier bis sieben Jungtiere sind nach drei bis vier Wochen völlig selbstständig.

Sundevalls Rennmaus
(*Meriones crassus*)
Foto: Klaus Rudloff

Indische Nacktsohlenrennmaus (*Tatera indica*)

Selten wird zudem die **Mittags-Rennmaus (*Meriones meridianus*)** in Deutschland angeboten. Diese Art stammt aus den Trockengebieten vom Kaspischen Meer bis in die Mongolei und Nordchina. In der Natur bauen diese Tiere weit verzweigte Bauten im lockeren Boden und ernähren sich vor allem von grünen Pflanzenteilen, Wurzeln, Samen und Früchten – bei der Ernährung in Menschenhand ist also vermehrt auf die Gabe von Grünfutter zu achten! Die Haltung in Paaren hat sich bei den meisten Haltern bewährt. Ihre sonstige Pflege stimmt ebenfalls mit derjenigen der anderen Rennmäuse überein.

Ebenfalls selten ist die **Indische Nacktsohlenrennmaus (*Tatera indica*)** im Handel erhältlich, die von Syrien bis Indien und auf Sri Lanka vorkommt. Sie wird mit 16–20 cm (plus ca. 20 cm Schwanz)

sehr groß. Ihre Haltung und Ernährung entspricht der der vorgenannten Arten, ein großes Terrarium (mindestens 160 x 60 x 50 cm) ist für diese Tiere essenziell. Nacktsohlen-Rennmäuse sind häufig sehr schreckhaft und scheu, daher sollte am besten nur eine Seite des großen Terrariums durchsichtig sein. In letzter Zeit wurden auch weitere Nacktsohlen-Rennmäuse (*Tatera* sp.) und nahe verwandte Arten der Kleinen Nacktsohlenrennmäuse (*Taterillus*) aus Afrika angeboten. Ihre Haltung ist entsprechend.

**Fettschwanz-Rennmaus (*Pachyuromys duprasi*)**
Eine interessante Erscheinung unter den Rennmäusen ist die Fettschwanz-Rennmaus (*Pachyuromys duprasi*), die gelegentlich auch einfach Duprasi genannt wird. Diese etwa 40 g schweren Tiere fallen

durch ihr graues, weiches Fell, den abgeflachten Körper und vor allem den bei einer Körperlänge von ca. 10 cm nur etwa 5 cm langen, dicken rosa Schwanz auf. Die aus den Felswüsten Nordwest-Ägyptens, Tunesiens, Libyens und Algeriens stammenden Nager speichern im Schwanz Fett und damit Wasser (das Körperfett kann teilweise zu Wasser verstoffwechselt werden) für besonders schlechte Zeiten. Die Form des Kopfes erinnert an einen Fuchs, die schwarzen Augen sind groß, die Ohren relativ tief angesetzt. In der Natur graben die Tiere eigene Baue in den harten Boden oder übernehmen solche von anderen Tieren. Duprasis sind vor allem während der Abenddämmerung, aber auch am Tag und in der Nacht immer wieder aktiv. Sie leben wahrscheinlich einzelgängerisch oder in lockeren Verbänden. Duprasis werden über vier Jahre alt.

Die Haltung von Duprasis kann nach dem Vorbild der von Mongolischen Rennmäusen geschehen. Das Terrarium für ein aneinander gewöhntes Pärchen sollte mindestens 100 x 50 x 50 cm groß sein, für die eingeschlechtliche Gruppenhaltung eignen sich ähnlich große Becken. Müssen die Tiere einzeln gehalten werden (s. u.), empfehlen sich Terrarien von mindestens 80 x 40 x 40 cm. Ein tiefer Bodengrund und die tägliche Möglichkeit zu einem Sandbad sind unerlässlich. Eine Nestbox pro Tier sollte ebenfalls im Terrarium zu finden sein. Als Nistmaterial dienen Zellstoff, Heu, Stroh und Hamsterwatte.

Die Ernährung entspricht der von anderen Rennmäusen.

Die Nachzucht von Fettschwanz-Rennmäusen ist vergleichsweise einfach und wird in den USA inzwischen im großen Stil betrieben, um die große Nachfrage nach diesen Nagern zu befriedigen. Einziges Problem sind die während der Trächtigkeit und des Säugens sehr aggressiven Weibchen, die nicht selten das Männchen ständig angreifen und schließlich töten. Häufig werden daher ansonsten einzeln gehaltene Duprasis in sehr kleinen, abgesehen von etwas Einstreu und Futter völlig leeren Boxen als Paar zusammengesetzt. Unter diesen Bedingungen bilden die Tiere keine eigenen Reviere aus, leben friedlich zusammen und paaren sich meist nach einigen Tagen. Werden die Tiere nach etwa einer Woche wieder in ihre großen Einzelterrarien zurückgesetzt, ist das Weibchen meistens schon trächtig. Bei mir funktionierte auch die Haltung von Paaren in gut strukturierten Terrarien mit mehreren Verstecken. Wichtig scheint mir zu sein, dass ein Sichtschutz zwischen dem Nest des Weibchens und dem des Männchens besteht. Solange das Weibchen nicht trächtig ist, nutzen die Mäuse ein gemeinsames Nest. Unter diesen Bedingungen konnten die Fettschwanz-Rennmäuse ständig zusammenbleiben, ohne dass es zu größeren Auseinandersetzungen kam. Sollten doch Aggressionen auftreten,

Fettschwanz-Rennmaus
(*Pachyuromys duprasi*)

Buschschwanz-Rennmaus (*Sekeetamys calurus*)

müssen die Tiere aber sofort getrennt werden. Die Tragzeit beträgt nur 19 Tage, es werden drei bis sechs Junge geboren, die nach 25–30 Tagen entwöhnt sind. Meist zieht das Weibchen zwei bis drei Würfe pro Jahr groß. Die Geschlechtsreife wird mit zwei Monaten erreicht.

Fettschwanz-Rennmäuse werden sehr zahm und beißen fast nie, sind zu Beginn der Haltung aber häufig etwas zurückhaltend.

### Buschschwanz-Rennmaus (*Sekeetamys calurus*)

Sehr imposante und interessante Nager sind die etwa 10–12 cm (plus 13–17 cm Schwanz) großen Buschschwanz-Rennmäuse. Die im Terrarium meist 80–90 g schweren Rennmäuse fallen vor allem durch den namensgebenden bräunlich gefärbten Schwanz auf, der nicht nur sehr lang, sondern auch buschig behaart ist und manchmal am Ende eine weiße Quaste trägt. Der etwas gedrungen wirkende Körper der Buschschwanz-Rennmäuse wird von einem rotbraunen bis gelblich braunen Fell bedeckt, das meist eine schwarze Haarendenfärbung (Ticking) aufweist. Die Bauchseite ist weiß, wobei die Färbungen der Körperober- und -unterseite scharf

voneinander abgegrenzt sind. Die Tiere stammen aus dem Osten Ägyptens, Südost-Israel und Jordanien sowie von der Sinai-Halbinsel und einem Gebiet im zentralen Saudi-Arabien. Das typische Habitat der Buschschwanz-Rennmäuse ist eine trockene, steinige Halbwüstenlandschaft mit sehr festem Boden. Diese Art baut ihre Nester unter überhängenden Steinen oder Felsspalten. Die Tiere werden in der Natur als nachtaktive Nager beschrieben, die gut klettern können. Buschschwanz-Rennmäuse können ein Alter von über fünf Jahren erreichen.

Leider sind diese bewegungsfreudigen Nager in europäischen Terrarien wieder seltener geworden. Zur idealen Haltung benötigt man ein geräumiges Terrarium von ca. 120 x 60 x 80 cm für ein Paar oder einen Klein-Harem mit einem Männchen und zwei bis drei Weibchen. Die für Rennmäuse sonst unübliche große Höhe des Terrariums soll den Tieren Kletterpartien erlauben. Die Einrichtung besteht dementsprechend aus allerlei Steinen und trockenen Wurzeln, die nicht nur beklettert werden können, sondern auch Versteckmöglichkeiten bieten. Bei mir nahmen die Tiere zudem Röhren aus Korkrinde gerne an. Als Nistmaterial eignen sich Heu, Stroh und

Zellstoff. Grundsätzlich sollte für jedes Tier ein eigenes Versteck zur Verfügung stehen! Der Bodengrund kann aus Hobelspänen oder – etwas natürlicher – aus Sand bzw. einem Sand-Lehm-Gemisch bestehen. Eine Lampe, die Licht und Wärme abgibt und geschützt über einem Stein installiert wird, trägt sehr zum Wohlbefinden der Tiere bei. Dort sind Buschschwanz-Rennmäuse häufig auch am Tag beim „Sonnenbad" zu beobachten. Ansonsten stellen die Tiere keine sonderlichen Ansprüche an die Haltungstemperatur. Die Gabe eines Sandbads ist bei dieser Art unabdingbar!

Die Ernährung entspricht grundsätzlich der von anderen Rennmaus-Arten (s. o.). Die Tiere nehmen mehr Wasser auf als die meisten anderen Rennmäuse und sollten daher auf jeden Fall eine Nippeltränke erhalten. Für ihr Wohlbefinden ist zudem die Möglichkeit zur Aufnahme von Kalk wichtig. Entsprechende Kalksteine sind im Handel für Chinchillabedarf erhältlich, notfalls kann auch eine Sepiaschale gereicht werden.

Die Zucht dieser Rennmäuse ist bei Paarhaltung nicht so kompliziert wie die anderer Arten – wenn man ein bereits aneinander gewöhntes Pärchen erhält. Das Zusammengewöhnen fremder Tiere ist nämlich ein schwieriges Unterfangen! Paarungen können im Terrarium während des ganzen Jahres stattfinden. Nach einer Tragzeit von etwa 21 Tagen werden zwei bis sechs Junge geboren, die nach vier bis sechs Wochen selbstständig und mit drei Monaten geschlechtsreif sind. Zu jung verpaarte Mütter ziehen ihre Jungen häufig nicht auf.

### Fette Sandratte (*Psammomys obesus*)

In letzter Zeit werden regelmäßig Wildfänge der Fetten Sandratte angeboten. Diese possierlichen Tiere erreichen als Adulti (geschlechtsreife Exemplare) eine Körpergröße von 8,5–13 cm, der Schwanz misst zusätzlich noch einmal 5–11 cm. Die Färbung der Tiere variiert von rotbraun bis sandfarben, die Körperunterseite ist heller. Der Schwanz ist vollständig behaart und am Ende schwarz gefärbt. Insgesamt haben diese Tiere häufig den Habitus eines zu klein geratenen Präriehundes – abgesehen von dem deutlich längeren Schwanz. Die natür-

Fette Sandratte (*Psammomys obesus*)

lichen Lebensräume dieser Nager – sandige, wenig bewachsene Trockengebiete – liegen in Libyen, Ägypten, dem küstennahen Sudan, in Palästina und Saudi-Arabien. Die sowohl tags als auch nachts regelmäßig aktiven Sandratten legen komplexe Baue mit mehreren Eingängen und Nesträumen an. In freier Natur werden vor allem Blätter und Stängel sukkulenter Pflanzen der Familie Chenopodiaceae gefressen, die viel Wasser, aber auch einen hohen Prozentsatz an Salz enthalten. Nur aufgrund extrem starker Nierenaktivität können die Tiere trotz dieser Ernährung überleben. Über ihr Sozialverhalten ist sehr wenig bekannt.

Die Haltung der Fetten Sandratte ist aufgrund der eigentümlichen Ernährung der Tiere recht schwierig. Man bietet einem Pärchen ein Terrarium mit den Mindestmaßen von 120 x 60 x 60 cm, das eine hohe Einstreu aus einem Sand-Torf-Gemisch oder Hobelspänen erhält; im letzten Fall muss den Tieren zusätzlich ein Sandbad geboten werden. Zur Einrichtung gehören einige Steine, auch verzweigte Äste können im Becken platziert werden – sie werden gerne als „natürlicher" Unterstand genutzt. Pro Tier muss mindestens ein Versteck vorhanden sein. Eine starke Lichtquelle (am besten Tageslicht-Neonröhren) sollte installiert werden, zudem ist es

Die Ernährung der Fetten Sandratte ist nicht einfach.

sinnvoll, einen Wärmestrahler über einem Stein zu positionieren. Die Tagestemperaturen sollten 22–25 °C (lokal bis 30 °C), die Nachttemperaturen etwa 18 °C betragen.

Die Ernährung ist das heikelste Kapitel bei der Haltung dieser Art, wie schon angesprochen. Lange wurde experimentiert, wie man die extreme Nahrungspalette der Nager in Gefangenschaft nachstellen könnte; bei falscher Ernährung erkranken diese Nager schnell an Diabetes! Gute Erfahrungen wurden schließlich mit folgender Diät gemacht: Die Tiere erhalten täglich große Mengen Chinakohl,

Zucchini, Gurke und Eisbergsalat sowie zur Ergänzung des Rohfaseranteils in der Nahrung Chinchillapellets und Puffreis. Keinesfalls dürfen die Tiere Obst oder andere zuckerhaltige Nahrung erhalten. Die zeitweilige Gabe von Topinamburpellets sowie täglich frisches Heu runden den Speiseplan ab; auch die wöchentliche Gabe von einigen getrockneten Garnelen hat sich bewährt. Diese Nahrung sollte ständig zur Verfügung stehen, da Sandratten von Natur aus sehr viel fressen. Um den Salzgehalt der natürlichen Nahrung zu imitieren, wird in das angebotene Trinkwasser zuvor eine Zeit lang ein Salzleckstein für Nager gelegt, bis das Wasser einen leicht salzigen Geschmack hat. Das Wasser sollte möglichst handwarm gereicht werden. Sollten die Fetten Sandratten kein Wasser aufnehmen, muß auch dem Gemüse etwas Salz zugegeben werden oder das Heu vorsichtig mit Salzwasser übersprüht werden (Vorsicht: Schimmelgefahr!).

Die Zucht von Sandratten ist bisher nur selten gelungen, kann aber während des gesamten Jahres vonstatten gehen. Die Tragzeit beträgt 25 Tage, nach denen zwei bis vier Junge geboren werden. Schon drei Wochen später sind die Jungtiere entwöhnt.

Erstaunlich ist, dass selbst frisch eingeführte Wildfänge völlig zahm sind und sich von Menschen geradezu bereitwillig anfassen lassen. Die Fette Sandratte sollte aber dennoch nur von erfahrenen Pflegern gehalten werden!

Rötelmaus (*Clethrionomys glareolus*)
Foto: Klaus Rudloff

Grauer Steppenlemming (*Lagurus lagurus*)

## Rötelmaus (*Clethrionomys glareolus*)

Die einheimische und in großen Teilen Eurasiens verbreitete, nicht artgeschützte Rötelmaus erreicht eine Körpergröße von 7–11 cm, wobei auf den Schwanz zusätzlich 2,5–4 cm entfallen; das Körpergewicht beträgt 15–40 g. Die Oberseite des Nagers ist rötlich braun gefärbt, die Flanken sind gräulich und die Bauchseite meist gelbgrau. Die Rötelmaus bewohnt sowohl trockene als auch feuchte, stets kühle Laub- und Mischwälder der gemäßigten Zone und ist vorwiegend tags, aber gelegentlich auch nachts aktiv. Das Nest der Rötelmaus wird unter Wurzeln oder in Totholz versteckt und mit Blättern, Moos und trockenem Gras ausgepolstert. Sie ist ein guter Kletterer und Gräber und ernährt sich in freier Natur von Samen, Nüssen, Baumrinde, Wurzeln, Pilzen, Kräutern und Insekten. Rötelmäuse halten keinen Winterschlaf. Eine Lebenspanne von über vier Jahren wird beschrieben. Von der Rötelmaus gibt es Albinos als Zuchtvariante.

Die Haltung von Paaren in Terrarien mit den Mindestmaßen 60 x 50 x 40 cm bei Zimmertemperatur hat sich bewährt. Als Bodengrund kann man Hobelspäne, besser aber ein Torf-Erde-Gemisch nutzen. Die Einrichtung besteht aus Ästen, Steinen, Wurzeln sowie etwas trockenem Laub und sollte so installiert werden, dass Verstecke entstehen. Als Nistmaterial wird Heu und trockenes Moos angenommen. Eine kühle Haltung im Winter (bei ca. 8 °C) ist möglich.

Die Ernährung ist einfach: Man reicht Hamster- oder Mäusefutter sowie verschiedenes Obst und Gemüse, gelegentlich sollten auch Insekten (Heimchen, Mehlwürmer) auf dem Speiseplan stehen. Wasser wird aus einer Nippeltränke angenommen.

Die Nachzucht kann in Gefangenschaft während des ganzen Jahres stattfinden, die meisten Geburten sind allerdings von Mai bis August zu verzeichnen. Die Tragzeit beträgt 18–21 Tage, nach denen fünf bis zehn Junge geboren werden, die nach 21 Tagen selbstständig und schon mit acht Wochen geschlechtsreif sind. Es können vier bis fünf Würfe pro Jahr großgezogen werden.

Die Haltung der selten angebotenen, etwas kleineren **Polarrötelmaus** (*Clethrionomys rutilus*) ist größtenteils identisch mit derjenigen von *C. glareolus*. Sie stammt aus Nordskandinavien sowie dem Norden Russlands und lebt dort in Birken- und Kiefernwäldern. Diesen Tieren sollte eine kühle Phase im Winter geboten werden.

## Grauer Steppenlemming (*Lagurus lagurus*)

Der Graue Steppenlemming ist ein Steppen- und Halbwüstenbewohner, der Lebensräume von der

Orkney-Feldmaus (*Microtus arvalis orcadensis*)

Ukraine über Nordkasachstan bis in die West-Mongolei und Nordwest-China besiedelt. Der niedliche Nager erreicht eine Kopf-Rumpf-Länge von 8–12 cm, der Schwanz misst nur etwa 1 cm. Typisch für diesen kleinen Lemming ist die graue, manchmal auch braungraue Färbung des Felles, von der sich ein deutlicher schwarzer Aalstrich auf dem Rücken abzeichnet. Die Körperunterseite ist weißlich. Der nachtaktive Nager gräbt in der Natur einfache, temporäre Baue mit einem in etwa 40 cm Tiefe liegenden Rundnest, das mit Gras ausgepolstert wird. Der in Kolonien lebende Graue Steppenlemming ernährt sich hauptsächlich von allerlei grünen Pflanzenteilen, Knollen und Zwiebeln sowie Samen. Die Lemminge „hamstern" Nahrung für den Winter. Wie von vielen anderen Lemming-Arten wird auch von dieser Spezies berichtet, dass es zu Massenvermehrungen und großen Wanderungen kommen kann. In der Natur wird diese Tierart vom Menschen als Schädling stark verfolgt. Eine Lebensdauer von mindestens vier Jahren ist möglich.

Die Haltung des kleinen Steppenlemmings ist bei Zimmertemperatur einfach. Die Tiere werden am besten in größeren ausgedienten Aquarien gehalten,

sodass ein 10–15 cm hoher Bodengrund aus Erde oder einem festen Torf-Sand-Gemisch eingefüllt werden kann. Die Haltung auf Hobelspänen ist ebenfalls möglich. Als Mindestmaße für die Haltung eines Pärchens oder einer kleineren Gruppe gelten 80 x 50 x 50 cm, sodass auch die Jungen bis zur Abgabe genügend Platz finden. Einige einsturzgesicherte Steine, Wurzeln und flach auf den Boden gelegte Äste sorgen für eine gute Strukturierung des Beckens. Steine sind häufig der Ausgangspunkt für den Bau unterirdischer Gänge. Wenig grabende Individuen erhalten zudem ein Versteck z. B. aus Ton oder Holz pro Tier. Heu, Laub und trockenes Moos werden als Nistmaterial angenommen. In den Abendstunden kann man die Nager wunderbar beim Einsammeln verstreuter Nahrung beobachten; einige Tiere reagieren in der Anfangszeit allerdings mit Schreckstarre, wenn sie einen Menschen erblicken, und drücken sich an den Boden.

Viel Gemüse, z. B. Gurke, Möhre, Salat sowie Gras, Wildkräuter und gelegentlich Obst (v. a. Apfel) bilden zusammen mit einer gehaltvollen Futtermischung (z. B. Hamsterfutter) die Grundnahrung der Nager. Für das Wohlbefinden der Tiere und eine erfolgreiche Zucht ist eine abwechslungsreiche Ernährung wichtig. Einige Tiere nehmen auch Insekten an, ansonsten reicht man zur Verbesserung des Eiweißanteils in der Nahrung ab und zu etwas Katzentrockenfutter oder Quark. Heu und Wasser aus einer Nippeltränke sollten stets vorhanden sein.

Die Nachzucht von Grauen Steppenlemmingen gelang schon mehrfach. Die meisten Paarungsaktivitäten sind von März bis August zu verzeichnen, aber auch im restlichen Jahr sind Nachzuchten möglich. In der genannten Zeit zieht die Mutter häufig direkt nacheinander fünf Würfe junger Lemminge auf. Es werden zwei bis zwölf (meist 6–8) Junge nach einer Tragzeit von etwa 20 Tagen geboren, die nach drei Wochen entwöhnt und mit vier bis sechs Wochen geschlechtsreif sind.

### Europäische Feldmaus (*Microtus arvalis*)

Die vergleichsweise häufig erhältliche Orkney-Feldmaus (*Microtus arvalis orcadensis*) ist eine recht große Unterart der einheimischen, ungeschützten Europäischen Feldmaus (*Microtus arvalis*). Die Europäische Feldmaus ist von Zentral- und Nord-Spanien über große Teile Mitteleuropas bis zum Schwarzen Meer und dem Westural verbreitet. Die Orkney-Feldmaus stammt von den gleichnamigen nordschottischen Inseln. Die einheitlich bräunlich gefärbte Europäische Feldmaus erreicht eine Körpergröße von etwa 12 cm, der Schwanz misst nur ca. 4 cm, die Orkney-Feldmaus kann etwa 30 % größer werden. Der Lebensraum dieser in Kolo-

nien lebenden Wühlmäuse besteht aus Wiesen, Feldern und eher trockenen Wäldern. Die Tiere sind tag- und nachtaktiv und bauen Gänge, die nur wenig unter der Oberfläche liegen. Die natürliche Nahrung besteht aus Wurzeln, Gemüse, Kräutern und Samen. Die Feldmaus kann über vier Jahre alt werden.

Die Pflege der Europäischen Feldmaus ist einfach und kann nach den Beschreibungen der Haltung des Grauen Steppenlemmings erfolgen. Für die Haltung eines Paares reicht ein umgestaltetes Aquarium mit den Maßen 80 x 40 x 50 cm. Auch die Ernährung ist beinahe identisch, jedoch sollten vermehrt frisches Gras und Wildkräuter gegeben werden!
Die Nachzucht gelingt bei guter Haltung von alleine. Während des ganzen Jahres, vornehmlich aber von März bis November, werden nach einer Tragzeit von 21 Tagen vier bis zwölf Junge geboren, die nur zwölf Tage gesäugt werden. Nach 21 Tagen sind die Jungmäuse völlig selbstständig und können ggf. von der Mutter getrennt werden oder zum Aufbau einer größeren Gruppe im entsprechend geräumigen Terrarium belassen werden. Die Geschlechtsreife wird schon mit 15–20 Tagen (!) erreicht. Ein Weibchen kann pro Jahr bis zu sieben Würfe aufziehen.

Imposanter als die Feldmäuse wirkt die 14–17 cm (plus 1–2 cm Schwanz) groß werdende **Schilfwühlmaus** (*Microtus fortis*) aus Südost-Sibirien, der Mongolei, Korea und Ost-China. Die Männchen sind bei dieser Art deutlich größer als

Schilfwühlmaus (*Microtus fortis*)

Levante-Wühlmäuse (*Microtus guentheri*)

die Weibchen. Abgesehen von den Terrarienausmaßen, die etwa 30 % größer gewählt werden sollten, treffen die genannten Haltungsangaben für die Europäische Feldmaus auch auf diese vermehrungsfreudige Art zu.

Identisch zu halten und ernähren sind zudem die regelmäßig gezüchteten, heller gefärbten **Brandts Steppenwühlmäuse** (*Lasiopodomys [Microtus] brandtii*), die aus der Mongolei, Sibirien und Nordost-China stammen, und die sehr niedlich aussehenden **Levante-Wühlmäuse** (*Microtus*

*guentheri*), deren Verbreitungsgebiet auf dem südlichen Balkan und in der Türkei liegt.

**Stachelmäuse (*Acomys*)**
Zu den regelmäßig gepflegten Stachelmaus-Arten gehören die **Ägyptische Stachelmaus** (*Acomys cahirinus*), zu der auch die häufig gehaltene schwarzgrau gefärbte Unterart, die **Dunkle Nil-Stachelmaus** (*A. c. cahirinus*) zählt, und die **Sinai-Stachelmaus** (*Acomys dimidiatus* u. a. mit folgenden Unterarten: **Palästina-Stachelmaus** (*A. d. dimidiatus*), **Suez-Stachelmaus** (*A. d. megalodus*) und **Helle Sinai-Stachelmaus** (*A. dimidiatus* ssp.).

Zudem werden die **Kreta-Stachelmaus** (*Acomys minous*), die **Türkei-Stachelmaus** (*Acomys cilicicus*) und die **Helle Gold-Stachelmaus** (*Acomys russatus russatus*) gelegentlich in Terrarien gehalten.

Die Ägyptische Stachelmaus kommt in den trockenen Gebieten von der Westsahara bis Ägypten, im nördlichen Äthiopien und Sudan vor. Die Dunkle Nil-Stachelmaus stammt aus Ägypten. Die recht ähnlich erscheinende, von manchen Taxonomen zu *A. cahirinus* gezählte Sinai-Stachelmaus stammt nicht nur von der Sinai-Halbinsel, sondern auch aus Jordanien, Israel, dem Libanon, Syrien, der Arabischen Halbinsel und dem südlichen Irak, Iran und Pakistan, stellenweise kommt sie parallel mit der vorgenannten Art vor. Auch die Sinai-Stachelmaus bewohnt sehr trockene, felsenreiche Halbwüsten, Savannen und Wüsten. Die Kreta-Stachelmaus ist eine endemische Art dieser Insel, die sowohl in medi-

Dunkle Nil-Stachelmaus
(*Acomys cahirinus cahirinus*)

terranen Wäldern als auch offeneren Lebensräumen vorkommt. Die Gold-Stachelmaus ist in Nordost-Ägypten, Palästina, Jordanien, Saudi-Arabien, im Yemen und Oman zu finden und wurde ausschließlich in tagsüber extrem heißen Geröllwüsten beinahe ohne jegliche Vegetation nachgewiesen.

Stachelmäuse fallen natürlich vor allem durch die allen Arten eigenen Stacheln auf einem begrenzten hinteren Bereich des Rückens auf, der restliche Körper ist völlig „normal" befellt. Der Schwanz wirkt etwas drahtig und ist nur wenig behaart. Die Körperunterseite ist allgemein (außer bei schwarzen Formen) creme oder weiß.

Während die meisten Stachelmaus-Arten auf der Körperoberseite sandfarben, braungrau oder beige gefärbt sind, grenzt sich die Gold-Stachelmaus durch besonders lange Stacheln und eine dunkel pigmentierte (statt rosafarbene) Haut sowie den gräulichen Bauch ab. Zudem ist der Schwanz dieser Art ausgesprochen kurz. *A. r. russatus* hat besonders rötliche Stacheln, die an der Flanke in gelbliche Töne übergehen können. Die Dunkle Nil-Stachelmaus ist gänzlich grauschwarz gefärbt.

Sinai-Stachelmaus (*Acomys dimidiatus*)

Stachelmäuse erreichen eine Größe von 7–15 cm, zuzüglich des 5–12 cm langen Schwanzes. Die Sinai- und die Ägyptische Stachelmaus sind dabei mit einem Durchschnittsgewicht von ca. 34 g etwas schmächtiger als die bis 50 g schweren Gold-Stachelmäuse. Die Kreta-Stachelmaus ist die zierlichste Art.

Stachelmäuse graben keine Baue, sondern verbergen sich – häufig in größeren Gruppen – in der

Helle Sinai-Stachelmaus
(*Acomys dimidiatus* ssp.)

nicht aktiven Zeit in Felsspalten, unter Steinen und Wurzeln oder in verlassenen Bauen anderer Nager. Das „Nest" besteht dabei meist nur aus einer einfachen flachen Mulde. Die Nager sind bodenbewohnend, klettern aber gelegentlich auch auf höhere Felsen und Baumstämme; dünnere Äste vermögen die Tiere nur schwerlich und ungeschickt zu besteigen. Die Tiere sind vor allem nachtaktiv, manche kommen aber auch bereits in den frühen Morgen- und späten Nachmittagsstunden aus ihrem Versteck hervor. Lediglich die Gold-Stachelmaus ist sowohl tag- als auch nachtaktiv und kann selbst während der heißesten Stunden des Tages im natürlichen Habitat beobachtet werden. Die natürliche Nahrung dieser interessanten Mäuse besteht hauptsächlich aus Samen und ziemlich trockenen Gräsern, aber auch Insekten und Aas werden nicht verschmäht. Das Maximalalter von Stachelmäusen liegt bei über fünf Jahren.

Besonders interessant ist das häufig beschriebene Hebammen-Verhalten der Stachelmäuse: Andere Weibchen der Gruppe helfen der gebärenden Mutter und adoptieren ggf. einige der Jungtiere. Es kommt sogar zum Diebstahl von Jungen, die dann von fremden Weibchen aufgezogen werden – der Pflegedrang der Stachelmäuse ist sehr stark ausgebildet. Diese Szenen und das sonstige hoch entwickelte Sozialverhalten im Terrarium zu beobachten, ist faszinierend!

Die häufig erhältlichen Stachelmäuse sind in tiergerecht eingerichteten Terrarien sehr gut zu halten und vermehren sich problemlos. Am besten ist es, ein Paar eine Familiengruppe gründen zu lassen, so gibt es im Allgemeinen wenig Probleme innerhalb der Kolonie. Je nach Größe des Terrariums darf die Anzahl an Männchen ein bestimmtes Maß nicht überschreiten. Es ist empfehlenswert, niemals mehr Männchen als Weibchen im Terrarium zu haben. Bei Gold-Stachelmäusen hat sich die paarweise Haltung bei vielen Haltern bewährt, da es sonst häufig zum Abbeißen der empfindlichen Schwänze kommt. Als Mindestmaße für ein Pärchen können 80 x 40 x 50 cm angenommen werden, bei wachsender Gruppengröße ist das Terrarium dementsprechend geräumiger zu wählen. Als Einrichtung dienen einige Steine und trockene Äste oder Wurzeln, von meinen Exemplaren wurden vor allem Korkröhren besonders gerne zum Klettern und Verstecken genutzt. Gibt es sonst keine Rückzugsmöglichkeiten, so müssen z. B. Nagerhäuschen in das Becken gestellt werden. Der Bodengrund kann aus Hobelspänen, Sand oder einem Sand-Torf-Gemisch bestehen. Ein Strahler erhöht die Lebensfreude der Tiere sichtlich, in jedem Fall muss auf eine ausreichend helle Lichtquelle

Helle Gold-Stachelmaus
(*Acomys dimidiatus* ssp.)

geachtet werden. Die Temperaturen im Becken sollten am Tage 22–26 °C (lokal bis 30 °C), nachts 18–20 °C betragen. Im Terrarium ist auf Trockenheit besonders zu achten, feuchte Stellen in der Einstreu sollten sofort entfernt werden.

Die Ernährung von Stachelmäusen ist mit Zwerg- oder Goldhamsterfutter (oder einer Mischung aus beidem) gut zu bewerkstelligen, Pellets werden aber normalerweise nicht angenommen. Insekten oder Katzentrockenfutter sorgen für den Eiweißanteil in der Nahrung, der höher sein sollte als bei vielen anderen Mäusen. Als Frischfutter werden vor allem Salate, Wildkräuter und Gras gereicht, auch Apfel und Gurke werden angenommen. Insgesamt sollte vor allem zuckerreiches Frischfutter eher zurückhaltend gegeben werden, da viele Halter von Magen-Darm-Problemen ihrer Tiere bei übermäßiger Verfütterung solcher Nahrung berichten. Wasser wird aus einer Nippeltränke getrunken. Stachelmäuse nehmen grundsätzlich wenig Wasser auf – und geben auch wenig Urin ab.

Die Zucht von Stachelmäusen ist nicht schwierig und gelang bei paarweiser Haltung und in der Familiengruppe schon häufig. Jungtiere können während des gesamten Jahres geboren werden. Die Tragzeit beträgt 35–42 Tage (!), nach denen normalerweise nur zwei bis drei Jungmäuse mit einem Gewicht von 5–7 g geboren werden. Bei Stachelmäusen (außer der Gold-Stachelmaus) ist der Nachwuchs bereits bei der Geburt komplett behaart und hat die Augen geöffnet. Es sind echte Nestflüchter: Bereits am zweiten bis vierten Lebenstag wird das „Nest" erstmals verlassen, nach zwei Wochen sind die Jungtiere entwöhnt, mit zwei bis drei Monaten geschlechtsreif. Bereits wenige Tage nach der Geburt ist das Weibchen wieder paarungsbereit. Innerhalb ihrer Gattung zählt die Gold-Stachelmaus zu den Arten, die eher wenig entwickelte Junge zur Welt bringen. Bei ihr dauert es meist drei bis sechs Tage, bis die Augen geöffnet sind und das „Nest" erstmals verlassen wird. Die Jungtiere sind zunächst gräulich gefärbt, erst nach einiger Zeit wachsen die rötlichen Stacheln auf dem Rücken. Es sollten nur Tiere aus demselben Herkunftsgebiet miteinander verpaart werden, um Unterarten-Vermischungen auszuschließen.

### Nil-Grasratte (*Arvicanthis niloticus*)

Die Nil-Grasratte ist ebenfalls ein Bewohner trockener Steppen und Savannen, aber genauso in jeder Form von Grasland, Moor und Wald zu finden. Das große Verbreitungsgebiet dieser Art, die oft als einer der häufigsten „Schadnager" Afrikas dargestellt wird, erstreckt sich von Süd-Arabien und dem ägyptischen Nildelta bis nach Senegal im Westen und nach Sambia und Äthiopien im Osten Afrikas. Die bräunlich gefärbten Nager haben meist einen schwarzen Aalstrich auf dem Rücken (Unterart *A. n. niloticus* aus Ägypten). Sie erreichen eine Körpergröße von bis zu 20 cm, der Schwanz misst zusätzlich noch einmal bis zu 16 cm.

Türkei-Stachelmaus (*Acomys cilicicus*)

**109**

Dabei bringen Nil-Grasratten ein Gewicht von 50–120 g auf die Waage. In freier Natur graben die Nager häufig keine eigenen unterirdischen Baue, sondern legen sich ein Versteck unter Steinen, Wurzeln oder dichten Büschen an, in einigen Teilen des Verbreitungsgebiets werden aber auch einfache Tunnel gegraben. Die Tiere leben in friedlichen Kolonien aus mehreren adulten Männchen und Weibchen sowie deren Jungen. Aufgrund der Vermehrungsfreudigkeit können solche Kolonien schnell enorme Ausmaße annehmen und großen Schaden anrichten. Bei der Nahrungssuche sind die Grasratten nicht sonderlich wählerisch und nehmen nahezu jede verfügbare pflanzliche Nahrung auf, auch Insekten und Aas werden gelegentlich gefressen. Nil-Grasratten können über sieben Jahre alt werden.

Für die Haltung eines Pärchens eignet sich ein Terrarium mit den Mindestmaßen 100 x 50 x 50 cm, in dem sich schnell eine kleine Kolonie etabliert. Wird die Gruppe zu groß, trennt man Tiere ab oder führt einen Umzug in ein größeres Gehege durch. Auch die Haltung gleichgeschlechtlicher Gruppen ist problemlos. Als Einrichtung empfehlen sich Steine, Wurzeln und starke Äste, die gerne beklettert werden. Korkrindenstücke oder Nagerhäuschen nehmen meine Tiere gerne als Verstecke an. Als Nistmaterial wird Heu und trockenes Laub angeboten. Da die Reinigungsintervalle sehr kurz sind, um Feuchtigkeit und Geruch im Terrarium zu vermeiden, sollte man einen hygienischen Bodengrund aus Hobelspänen verwenden. Bei dunklem Standort ist in jedem Fall eine Lichtquelle (z. B. Neonröhre) zu installieren. Nil-Grasratten können bei normalen Zimmertemperaturen gehalten werden.

Die Ernährung von Nil-Grasratten ist denkbar einfach: Als Hauptfutter wird Hamster- oder Rattenfutter ge-reicht, zusätzlich erhalten die Nager Gemüse, Obst und frischen Grasschnitt. Nil-Grasratten sind starke Nager! Äste von Weide, Haselnuss oder Obstbäumen (und auch Holzhäuschen) werden intensiv beknabbert; die Tiere brauchen also stets ausreichend Nagematerial. Wasser aus einer Nippeltränke darf ebenfalls nicht fehlen.

Wie bereits erwähnt, sind Nil-Grasratten sehr vermehrungsfreudig, sodass eine Zucht gut überlegt sein sollte. Da das Zusammengewöhnen fremder Tiere völlig unproblematisch ist, können Verpaarungen nicht verwandter Tiere leicht durchgeführt werden – dies verhindert Inzucht. Paarungen und Geburten lassen sich das ganze Jahr hindurch beobachten. Die Tragzeit beträgt etwa 21 Tage, es kommen durchschnittlich vier bis sechs, selten bis zu zwölf Junge zur Welt. Die Jugendentwicklung verläuft bei diesen Tieren sehr rasch, sodass sie nach spätestens drei Wochen entwöhnt sind und bereits im Alter von sechs Wochen die Geschlechtsreife eintritt.

Auch wenn die Tiere untereinander erstaunlich friedfertig sind und sich selbst mehrere Männchen gut vertragen, werden Nil-Grasratten selten handzahm.

Nil-Grasratte (*Arvicanthis niloticus niloticus*)

## Vielstreifen-Grasmaus (*Lemniscomys barbarus*)

Eine besonders hübsche Erscheinung unter den Mäusen stellen die Vielstreifen-Grasmäuse dar. Die Nager zeigen – wie im Namen schon anklingt – ein Muster aus vielen abwechselnd hellen und dunkleren Streifen, die am Hals beginnen. Der zentrale Rückenstreifen ist dabei stets dunkelbraun gefärbt, so wie auch Kopf und Füße. Die hochrückig wirkenden Vielstreifen-Grasmäuse können sich sehr lang machen und dabei eine Kopf-Rumpf-Länge von 8–14 cm erreichen, der extrem lange Schwanz, der beim Klettern häufig um Zweige gewickelt wird, misst bis zu 16 cm. Die Vielstreifen-Grasmaus ist ein typischer Bewohner der trockeneren, grasbestandenen Savannen- und Wüstengebiete am Rande der Sahara. Ihr Verbreitungsgebiet erstreckt sich vom Senegal über Marokko und Tunesien bis in den Sudan und nach Tansania. Vielstreifen-Grasmäuse sind im Gegensatz zu anderen Streifen-Grasmaus-Arten hauptsächlich dämmerungs- und nachtaktiv. In der Natur sieht man diese sehr flinken und scheuen Tiere allerdings häufig auch am Tage. *Lemniscomys barbarus* baut in Bodennähe runde Grasnester, zu denen ausgetretene Laufwege führen. Die Streifen-Grasmäuse graben fast nie, manchmal übernehmen sie aber die Bauten anderer Nager als Unterschlupf. In der freien Natur ernähren sich diese Grasmäuse hauptsächlich von Grassamen, grünen Pflanzenteilen und wenig Insekten. In Afrika vermehren sich Vielstreifen-Grasmäuse meist nur in den beiden Regenzeiten des Jahres. Sie können drei Jahre alt werden. Seit kurzem gibt es auch eine gescheckte Zuchtform.

Streifen-Grasmäuse sind sehr schnelle und bewegungsfreudige Tiere, die gerne laufen und klettern – dies sollte bei der Einrichtung des Trockenterrariums bedacht werden. Daher empfiehlt sich für ein Paar oder eine kleine Gruppe ein Terrarium mit den Mindestmaßen 80 x 50 x 50 cm. Um den Bedürfnissen dieser wunderhübschen Nager nachzukommen, wird das Becken mit einer dünnen Bodenschicht aus Sand, Torf oder Hobelspänen, einigen Steinen und Ästen ausgestattet – es ist interessant zu beobachten, wie geschickt sich die Grasmäuse selbst in dünneren Zweigen bewegen. Einige Trockengras-

Vielstreifen-Grasmaus (*Lemniscomys barbarus*)

soden bereichern das Terrarium. Verstecke, die groß genug sind, die ganze Gruppe aufzunehmen, sind wichtig, da die gesamte Familie häufig eng aneinandergekuschelt den Tag verdöst. Die Gabe von Heu ist zudem sehr wichtig, da die Grasmäuse daraus kunstvolle Nester „weben“. Die Tagestemperaturen sollten bei 24 °C, die Nachttemperaturen bei über 18 °C liegen. Ein lokaler Wärmestrahler (bis 30 °C) kann installiert werden. Diese Mäuse werden leider fast nie zahm und bleiben ein Leben lang hektische Fluchttiere, daher ist beim Öffnen der Terrarienscheiben stets Vorsicht geboten!

Die natürliche pflanzliche Ernährung und zusätzliches proteinreiche „tierische Häppchen“ sollten auch bei der Haltung im Terrarium gereicht werden. Streifen-Grasmäuse bekommen als Hauptnahrung Zwerghamster- oder Goldhamsterfutter, Pellets nahmen meine Tiere nicht. Außerdem sollten Heu, das als Nahrung und Nistmaterial genutzt wird, und Frischfutter (Gras, Gurke, Apfel) regelmäßig gegeben werden. Nach Grillen, Heimchen oder Mehlwürmern veranstalten sie sogar richtige Jagden. Bei ausreichender Versorgung mit Grünzeug verweigerten Streifenmäuse bei vielen Haltern die Wasseraufnahme aus Tränken oder Näpfen. Streifen-Grasmäuse geben als Bewohner von Trockengebieten sehr wenig Kot und Urin ab.

Die Zucht von Streifengrasmäusen ist nicht immer einfach. Hat man allerdings ein sich gut verstehendes Pärchen, so kann es geradezu zu Bestandsex-

Tüpfelstreifen-Grasmaus (*Lemniscomys striatus*)
Foto: Klaus Rudloff

Flüssigkeit oder aus unerfindlichen Gründen kommt es gelegentlich zum Zusammenbruch ganzer Bestände durch Kannibalismus.

Die ähnlich große **Tüpfelstreifen-Grasmaus** (*Lemniscomys striatus*) aus den Savannen von Sierra Leone bis Äthiopien, Angola und Malawi wird nur sehr selten importiert und gepflegt. Die vorigen Angaben zur Biologie, Haltung, Ernährung und Zucht der Vielstreifen-Grasmaus treffen auch bei dieser Art zu. Gleiches gilt für die ebenfalls sehr selten gepflegte **Striemengrasmaus** (*Rhabdomys pumilio*), die von Uganda und Kenia bis Angola und Südafrika zu finden ist.

### Vielzitzenmaus (*Mastomys natalensis*)

Die der europäischen Hausmaus (*Mus musculus*) sehr ähnliche Vielzitzenmaus kommt vor allem von Tansania bis Südafrika vor und bewohnt dort neben ihrem natürlichen Lebensraum, den Savannen, als Kulturfolger des Menschen auch landwirtschaftlich genutzte Flächen und menschliche Siedlungen im Afrika südlich der Sahara. Vielzitzenmäuse erreichen eine Körpergröße von 8–14 cm, der wenig behaarte Schwanz ist beinahe ebenso lang. Während die oberen Körperpartien mit erstaunlich langem, etwas wuscheligem, graubraunem Fell bedeckt sind, ist die Unterseite weiß gefärbt. Die nachtaktiven Vielzitzenmäuse ernähren sich in freier Natur hauptsächlich von Samen verschiedener Pflanzen (v. a. Gräser) und gelegentlich Insekten. Sie gelten zudem als

plosionen kommen. Beste Erfolgsaussichten bietet nach meinen Erfahrungen die Haltung eines Paares oder eines kleinen Harems in einem Terrarium, das an einem ruhigen Standort aufgestellt ist. Paarungen finden – entgegen den Beobachtungen in freier Natur – während des ganzen Jahres statt. Die Tragzeit beträgt 21 Tage, die schon kurz nach der Geburt gestreift erscheinenden Jungen nehmen bereits nach 14 Tagen erstes festes Futter auf. Nach 21–25 Tagen sind die Jungmäuse völlig selbstständig. Männchen erreichen mit zehn Wochen die Geschlechtsreife, Weibchen meist erst mit vier bis fünf Monaten. Bei zu enger Haltung, aber auch bei zu eiweißarmer Ernährung, zu wenig

Vielzitzenmaus
(*Mastomys natalensis*)

Eurasische Zwergmaus (*Micromys minutus*)

Vorratsschädlinge. *Mastomys natalensis* gräbt meist einen eigenen unterirdischen Bau, der mehrere Kammern enthalten kann, er kann zudem gut klettern und schwimmen. Diese Art kann ein Alter von über drei Jahren erreichen. Vielzitzenmäuse werden in mehreren Farbvarianten gezüchtet.

Die Haltung von Vielzitzenmäusen ist in einem Terrarium mit den Mindestmaßen 60 x 40 x 40 cm bei Zimmertemperatur einfach zu bewerkstelligen. Eine für die Tiere stressfreie Pflege ist nach meinen Erfahrungen nur bei Pärchen, Harems oder gleichgeschlechtlichen Gruppen gewährleistet. Als Bodengrund eignet sich Kleintiereinstreu, die in relativ kurzen Abständen gewechselt werden muss. Die Einrichtung besteht aus einigen Steinen, Ästen und Versteckmöglichkeiten, in denen ein rundliches, offenes Nest aus Stroh oder Heu gebaut wird.

Die Ernährung mit einer Nagerfuttermischung, etwas Gemüse und Obst sowie gelegentlich Insekten oder Katzentrockenfutter ist problemlos. Wasser wird in einer Nippeltränke angeboten.

Die Zucht dieser Nager ist sehr einfach und gleicht der von Hausmäusen. Vielzitzenmäuse sind bei richtiger Haltung äußerst produktiv: Die Tragzeit beträgt 23 Tage, es werden 1–22 (!) bereits bei der Geburt behaarte Junge geboren, die durchschnittliche Jungenzahl liegt bei elf. Nach etwa drei Wochen (bei großen Würfen später) sind die Jungen entwöhnt und erreichen mit dreieinhalb Monaten die Geschlechtsreife.

### Eurasische Zwergmaus (*Micromys minutus*)

Die einheimische Eurasische Zwergmaus ist seit einigen Jahren ein häufiger Pflegling in deutschen Terrarien. Die niedlichen, oberseitig rot- oder gelbbraun gefärbten Mäuschen erreichen nur eine Kopf-Rumpf-Länge von 5–7 cm, der Schwanz weist eine ähnliche Länge auf. Nur 5–7 g bringt diese Zwergmaus auf die Waage, was ihr auch ein Klettern an dünnen Halmen und Zweigen ermöglicht. Ihr Lebensraum besteht aus verschiedenen Grasbeständen und Feldern mit Anschluss an Dickichte, sie kommt von Westeuropa bis Sibirien und Korea vor. Die tagaktiven Mäuse flechten ein kunstvolles kugeliges Nest in etwa 20–50 cm Höhe, in dem die Jungen geboren werden. In der Natur wird das Nest von vertikalen Gras- oder Getreidehalmen oder dünnen Zweigen getragen. In einigen Regionen legen die Eurasischen Zwergmäuse dagegen ein Bodennest an. Männchen und Weibchen kommen nur zur Paarung zusammen und gehen ansonsten getrennte Wege. Die natürliche Nahrung der Eurasischen Zwergmaus besteht aus Samen, grüner Vegetation und Insekten, es werden gelegentlich auch Singvogeleier gefressen. *Micromys minutus* hält keinen Winterschlaf und kann bis zu fünf Jahre alt werden, durchschnittliche Lebensspannen liegen bei etwa zweieinhalb Jahren.

Die Haltung von Zwergmäusen ist aufgrund des komplexen Verhaltens dieser Tiere sehr interessant. Da sich Zwergmäuse sowohl am Boden aufhalten als auch gerne klettern, ist ein Terrarium mit Mindestmaßen von 40 x 40 x 60 cm für ein Paar sehr gut für die Haltung geeignet. Als wichtiges Element des künstlichen Lebensraumes müssen vertikale Strukturen angesehen werden. Bei der Einrichtung erreicht man dies durch kleinere Äste sowie Gras-, Getreide- oder Schilfbüschel. Zusätzlich können einige Steine, Wurzeln und frische Gras-Soden das Terrarium strukturieren. Als Bodengrund eignen sich Torf, Erde oder Kleintiereinstreu, zusätzlich eingebrachte Blätter werden gut angenommen. Häufig bauen Zwergmäuse in Gefangenschaft ihr Nest nicht in erhöhter Position, was aber oft einfach an mangelnden Baumöglichkeiten liegt. Für die Konstruktion des Nestes werden ansonsten nah aneinander stehende Halme (v. a. Hafer- und Weizenhalme) genutzt, die zunächst zerschlissen und dann verwoben werden. Der Nestbau nahm bei meinen Zwergmäusen bis zu zehn Tage in Anspruch. Ersatzweise nehmen die Zwergmäuse meist sowohl künstliche Verstecke am Boden als auch in oberen Drittel des Becken angebrachte kleine Nistkästen oder -körbe sowie mit einem Loch versehene Tennisbälle an. Zwergmäuse haben keine besonderen Temperaturansprüche.

Die Ernährung der Eurasischen Zwergmaus geschieht mit Zwerghamsterfutter oder einer Mischung aus Goldhamster- und Waldvogelfutter. Zusätzlich nehmen die Kleinnager auch Salat, Apfel, Möhre und anderes Saftfutter an. Besonders bewährt hat sich bei meinen Tieren die regelmäßige Gabe von frischen Gras-Soden: Hierbei werden nicht nur die vitaminreichen Gräser, sondern auch

Insekten und Würmer aus dem Wurzelballen gefressen. Eurasische Zwergmäuse benötigen einen hohen Anteil tierischen Eiweißes, sodass mindestens wöchentlich Insekten (Heimchen, Grillen, Mehlwürmer) oder Katzentrockenfutter gereicht werden sollten. Wasser wird problemlos aus einer leichtgängigen Nippeltränke oder täglich gereinigten Wasserschale angenommen. Bei zu geringem Wasserangebot kann es zu Beißereien kommen!

Zwergmäuse zu züchten, ist bei guter Haltung einfach. In Menschenhand können während des gesamten Jahres Junge geboren werden. Nach einer Tragzeit von nur 17–18 Tagen werden 1–13 (meist 3–8) Junge geboren, die lediglich etwa 1 g wiegen. Schon nach 15–16 Tagen verlassen die Jungen das Nest und sind selbstständig. Die sexuelle Reife wird nach etwa einem Monat erreicht. Zwergmäuse sind meistens nur bis zum zweiten Lebensjahr reproduktiv und werfen in dieser Zeit bis zu neun Mal. Jungtiere können zum Aufbau einer kleinen Kolonie im Terrarium verbleiben, dann sollte aber ein größeres Becken gewählt werden. Bei zu enger Haltung kommt es häufig zu Kannibalismus.

Die Zwergmaus ist in Deutschland sehr selten geworden und steht unter Artenschutz.

Auch die fast weltweit verbreitete **Hausmaus (*Mus musculus* f. dom.)** kann natürlich hervorragend in Terrarien gepflegt werden. Für ihre Haltung eignen sich ehemalige Aquarien mit Deckel ebenso wie Terrarien mit einer Größe von mindestens 80 x 40 x 40 cm. Als Einstreu sollte eine mindestens 10 cm hohe Schicht Hobelspäne verwandt werden. Die Ernährung mit im Handel erhältlichen Farbmaus-Futter ist einfach, zusätzlich sollten die Tiere regelmäßig Grünfutter und eiweißreiche Kost erhalten. Die Zucht ist bekanntermaßen sehr einfach. Mehr über Haltung von Mäusen können sie in der Spezialliteratur erfahren.

### Afrikanische Zwergmaus (*Mus minutoides*)

Die nachtaktive Afrikanische Zwergmaus, auch Knirpsmaus genannt, stammt aus dem Afrika südlich der Sahara bis zum Kap der Guten Hoffnung. Als Habitate für dieses wohl kleinste Nagetier der Welt kommen allerdings nur feuchtere Gebiete in

Afrikanische Zwergmaus (*Mus minutoides*)

Frage, wobei sowohl Grasland als auch lichte Wälder besiedelt werden. Der Lebensraum liegt in der Grasdecke bzw. auf dem bewachsenen Waldboden, manchmal werden auch nur knapp unter der Oberfläche liegende Gänge gegraben. Kopf und Körper dieser Maus messen lediglich 3–5 cm, der Schwanz ist 3–4,5 cm lang, wobei die Weibchen immer deutlich größer als die Männchen sind. Knirpsmäuse sind auf der Körperoberseite von dunkelkastanienbraun bis rötlich braun gefärbt, die Unterseite ist weiß und scharf von der Oberseite abgesetzt. Die Jungtiere tragen bis zur etwa fünften Lebenswoche ein gräuliches Jugendkleid. In freier Natur werden vor allem Samen und andere Pflanzenteile von Gräsern sowie Insekten gefressen. Das Höchstalter von Knirpsmäusen liegt im Terrarium bei etwa drei Jahren. Von diesen kleinen Mäusen werden inzwischen auch graue und gescheckte Zuchtformen gezüchtet.

Afrikanische Zwergmäuse lassen sich selbst in kleinen Terrarien oder abgedeckten ehemaligen Aquarien sehr gut pflegen. Als Mindestmaße für ein Paar oder eine kleinere Gruppe sollten 50 x 30 x 20 cm gelten. Die Tiere klettern fast nie, sodass das Becken recht flach gehalten werden kann – allerdings vermögen die Tiere recht gut und weit zu springen! Es ist möglich, Pärchen oder aus einem Paar entstandene Gruppen zusammen zu halten, wobei grundsätzlich nicht mehr Männchen als Weibchen vorhanden sein sollten, da es sonst zu regelmäßigen Streitereien oder gar Kämpfen kommt. Als Einstreu eignen sich Hobelspäne, Hanfeinstreu oder Torf, einige Blätter auf der Einstreu werden gerne als Bereicherung des künstlichen Lebensraums angenommen. Zusätzlich platzierte ich in meinen Terrarien einige Steine oder Wurzeln und ggf. auch ein künstliches Versteck. Hamsterwatte und Heu werden von den Nagern als Nistmaterial genutzt. Eine Terrarientemperatur von tagsüber 22–24 °C und nächtlichen 18–20 °C sollten nicht unterschritten werden. Eine hohe Luftfeuchtigkeit schadet nicht.

Zwerghamster- oder Rennmausfutter, gelegentlich gemischt mit Goldhamsterfutter, Waldvogelfutter oder Haferflocken, bilden die Hauptnahrung für diese winzigen Mäuse. Als Zusatzfutter hat sich bei mir zudem Kolbenhirse bewährt, die für eine stundenlange Beschäftigung der Tiere sorgt. Der Proteinbedarf dieser Tiere scheint sehr hoch zu sein, weswegen einige Halter Milchpulver über das Trocken-

Afrikanischer Zwergschläfer (*Graphiurus* sp.)

futter streuen. Die häufige Verfütterung von Insekten oder zerstoßenem Katzentrockenfutter kann ähnliche Dienste leisten. Außerdem werden auch Quark und Jogurt aufgenommen. Nicht alle Gruppen akzeptieren Obst und anderes Grünfutter. Als wichtig hat sich zudem die Installation einer leichtgängigen Nippeltränke (Glasröhrchennippeltränken) bewährt, da Wasserschalen zu schnell verunreinigt werden. Knirpsmäusen muss ständig Flüssigkeit zur Verfügung stehen, da es sonst zu Massenkannibalismus kommt. Meist überlebt ein solches „Gemetzel" nur ein Tier. Weil solche Ereignisse auch bei zu geringen Eiweißgaben und manchmal aus unerfindlichen Gründen auftreten können, pflegen viele Halter zwei Gruppen, um im Falle des Falles noch Tiere zu besitzen.

Die Vermehrung von Afrikanischen Zwergmäusen ist meistens nicht kompliziert – abgesehen von den schon erwähnten Gruppentötungen. Nur gelegentlich gibt es allerdings Paare oder Gruppen, die

überhaupt niemals nachzüchten, die Gründe hierfür sind nicht bekannt – höchstwahrscheinlich liegt es an individuellen Abneigungen der Tiere, wie sie auch bei anderen Nagern vorkommen. Manchmal hilft eine andere Zusammenstellung der Tiere. Bei tiergerechter Haltung kann es während des ganzen Jahres zu Nachzuchten kommen. Nach einer Tragzeit von nur 19 Tagen werden zwei bis sechs nackte Junge geboren, die – je nach Wurfgröße – mit drei bis vier Wochen entwöhnt sind und mit sechs bis zehn Wochen geschlechtsreif werden. Die größten Zuchterfolge wurden bei Paarhaltung sowie mit Gruppen von einem Männchen mit zwei Weibchen oder zwei Männchen mit drei Weibchen erzielt.

## Bilche (Myoxidae)

### Afrikanischer Zwergschläfer (*Graphiurus* sp.)

Der Afrikanische Zwergschläfer erfreut sich seit Jahren einer stetig wachsenden Gruppe von Haltern. Es handelt sich hierbei um 7–12 cm (plus 6–10 cm Schwanz) große, etwa 18–32 g schwere „Mini-Ausgaben" des einheimischen Siebenschläfers (*Glis glis*). Die Fellfärbung ist grau bis braungrau, die Bauchseite des Tieres weiß oder weißgrau. Leider sind nur die wenigsten in Europa gehaltenen Tiere genau bestimmt worden, wahrscheinlich werden *G. parvus* und *G. murinus* (ggf. auch Bastarde beider Arten) gepflegt. Das natürliche Verbreitungsgebiet dieser Arten liegt im westlichen und südlichen Afrika, wo man die Tiere vor allem in Wäldern, gelegentlich auch in Buschland und Parks findet. Diese nachtaktiven Tiere sind vor allem baumbewohnend, steigen aber auch regelmäßig auf den Boden herab. Ihre runden Nester werden in verlassenen Baumhöhlen oder zwischen Ästen und Wurzeln sowie in Totholz errichtet und häufig von mehreren Tieren bewohnt. In dunklen Wäldern sind die Schläfer manchmal auch tagsüber aktiv. Die natürliche Nahrung besteht aus fetthaltigen Samen, Nüssen, Früchten, Insekten, Eiern und Kleinsäugern. Das Höchstalter von Zwergschläfern liegt bei über fünf Jahren. Kürzlich wurden die ersten albinotischen Zwergschläfer geboren.

Für die Haltung eines Pärchens eignen sich Terrarien von mindestens 50 x 50 x 80 cm. Sollen größere Gruppen gepflegt werden, was durchaus möglich ist, muss das Becken entsprechend geräumiger ausfallen. Wichtigste Einrichtungsgegenstände sind reichlich Kletteräste sowie Korkrindenröhren, die im Terrarium aufgestellt werden. Zur weiteren Vergrößerung der Lauf- und Kletterfläche beklebt man einige Wände des Beckens mit Korkplatten. Als Versteck werden manchmal Vogelnistkästen, gewebte Vogelnester oder Korkröhren akzeptiert, die meisten Zwergschläfer suchen sich allerdings ein Versteck am Boden (z. B. unter einem Rindenstück oder einer Wurzel). Als Nistmaterial dienen Heu und Moos. Der Bodengrund aus Hobelspänen oder Torf sollte mindestens 10 cm hoch eingefüllt werden. Viele Halter machten gute Erfahrungen bei der Haltung auf stellenweise angefeuchteter Streu, sodass eine Luftfeuchtigkeit von über 80 % erzielt wird. Im Terrarium sollten Tagestemperaturen von 22–28 °C (lokal bis 32 °C) herrschen, nachts dür-

fen sie 20 °C nicht deutlich unterschreiten. Um diese Temperaturen zu erreichen, werden häufig vor den Nagetätigkeiten der Bilche gesicherte Bodenheizungen installiert. Afrikanische Zwergschläfer werden selten so zutraulich, dass man sie in den Abendstunden beobachten kann – es sind im Allgemeinen sehr scheue Tiere.

Eine abwechslungsreiche Palette an verschiedenen Futtersorten gehört auf den Speiseplan der Afrikanischen Zwergschläfer. Das Hauptfutter bilden allerlei süße Früchte (Banane, Apfel, Birne, Melone, Pfirsich, Granatapfel etc.), Papageien- und Katzenfutter (trocken oder feucht). Zusätzlich werden mehrmals in der Woche Mehlwürmer oder andere Insekten gereicht. Die Bilche zeigten bei mir eine erstaunliche Vorliebe für Fleisch und Insekten. Manche Halter geben zudem Eifutter für Vögel sowie Quark, was ebenfalls sehr gut angenommen wird.

Die Zucht von Afrikanischen Zwergschläfern ist unter guten Bedingungen nicht schwer und schon häufig gelungen. Die ein bis sechs etwa 3,5 g schweren Jungtiere werden mehrmals im Jahr nach einer Tragzeit von ca. 24 Tagen im Nest der Mutter geboren, schon einige Tage nach der Geburt konnte ich feststellen, dass auch andere Mitglieder der Gruppe im Wurfnest schliefen. Nach etwa drei bis vier Wochen sind die Kleinen entwöhnt und können wenig später von den Eltern getrennt oder zum Aufbau einer größeren Gruppe im Becken belassen werden.

Afrikanische Zwergschläfer sind possierliche, sehr versteckt lebende Nager, die sehr (!) flink sein können. Achten Sie daher stets darauf, dass die Terrarienscheiben geschlossen sind! Die Schwanzhaut kann leicht abreißen, halten Sie die Tiere also nie daran fest!

Gelegentlich werden einige weitere Bilcharten gepflegt. Dazu gehört der 10–17 cm (plus 9–13 cm Schwanz) lange **Wüstenschläfer** (*Eliomys melanurus*) aus dem östlichen Mittelmeerraum und Kleinasien sowie Nordafrika bis Marokko. Der einheimische etwa gleich große **Gartenschläfer** (*Eliomys quercinus*) sowie der von Mitteleuropa bis nach Pakistan und in die Mongolei verbreitete 8–13 cm (plus 6–11 cm Schwanz) große **Baumschläfer** (*Dryomys nitedula*) werden selten gehalten. Diese

Schläfer sind deutlich größer als die regelmäßig angebotenen Zwergschläfer und benötigen daher ein deutlich geräumigeres Terrarium mit den Mindestmaßen 120 x 60 x 100 cm, die restlichen Ansprüche gleichen sich aber größtenteils. Ihre Pflege sollte erfahreneren Haltern vorbehalten bleiben! Gartenschläfer und Baumschläfer stehen in Deutschland unter Artenschutz.

## Trugratten (Octodontidae)

### Degu (*Octodon degus*)

Degus werden häufig in Terrarien gehalten und nachgezogen. Die braun-schwarz melierten meerschweinchenverwandten Nager aus Nord- und Zentral-Chile stammen aus den trockenen Andengebieten und leben dort in kargen, offenen Lebensräumen in der Nähe von Buschdickichten und Felsen. Degus, die eine Körpergröße von 15–20 cm (plus 12 cm Schwanz) erreichen, leben in sozial organisierten Gruppen von fünf bis zehn erwachsenen Tieren, die gemeinsam ein Tunnelsystem verteidigen. Sie sind rund um die Uhr immer wieder unterwegs, wobei die Hauptaktivitätszeiten in den frühen Morgen- und späten Nachmittagsstunden liegen. Während dieser Zeit findet man Degus sowohl am Boden als auch auf Büschen und niedrigen Bäumen – sie klettern also gerne. Die natürliche Nahrung besteht aus Gras, Rinde, Kräutern, Sa-

men und Früchten. Typisch für Degus ist der dunkler gefärbte Schwanz mit der Endquaste. In freier Natur vermehren sich Degus fast ausschließlich im September. Dieser Nager kann ein Alter von zehn Jahren erreichen. Es gibt mehrere Zuchtvarianten von Degus.

In Menschenhand befinden sich wahrscheinlich hauptsächlich Bastarde aus verschiedenen Degu-Arten – es gibt insgesamt vier schwer unterscheidbare Spezies. Ihre Haltung dagegen ist sehr einfach: Als Unterkunft bietet man einem Männchen und zwei Weibchen ein stabiles Terrarium mit den Mindestmaßen 120 x 60 x 80 cm, besser ist jedoch ein Terrarium doppelter Höhe, da die Tiere dann ausgiebig klettern können. Für größere Gruppen muss das Becken natürlich entsprechend geräumiger sein. Ein gelegentlicher beaufsichtigter Freilauf im Zimmer fördert die Gesundheit. Wichtigste Einrichtungsgegenstände des Terrariums sind unterarmstarke Kletteräste sowie Röhren aus Korkrinde. Auf dem Boden des Terrariums wird auf einer Schicht aus Hobelspänen (ggf. gemischt mit Laub) ein Versteck (z. B. großes Nagerhäuschen) platziert. Als Nistmaterial bietet man reichlich Heu und Stroh. Auch einige Steine nahmen meine Tiere gerne als erhöhte Sitzplätze an. Die gelegentliche Gabe eines Sandbads sowie einer Buddelkiste bedeuten eine wichtige Abwechslung für die intelligenten Degus und sor-

Wüstenschläfer
(*Eliomys melanurus*)

gen dafür, dass natürliche Verhaltensweisen ausgelebt werden können.

Die Ernährung von Degus ist nicht ganz einfach, da die Tiere nicht zu viel Zucker erhalten dürfen – sie bekommen sonst sehr schnell Diabetes. Daher erhalten sie spezielles Degufutter oder eine Mischung aus Hamster- und Meerschweinchenfutter (1:2). Wichtiger noch ist aber Heu. Dieses Raufutter muss ständig zur Verfügung stehen und wird sowohl gefressen als auch zum Nestbau verwendet. Der hohe Anteil an Rohfaser im Heu ist wichtig für eine optimale Verdauung bei Degus! Zusätzlich erhalten die Tiere Gemüse (Salat, Gurke, Möhre, Steckrübe), frisches Gras und Wildkräuter. Mit Obst sollte der Halter stets sparsam umgehen. Einige Degus fressen zudem Rinde von Haselnuss- und Weidenbäumen sehr gerne. Große Mengen Äste zum Nagen sind ohnehin nötig, um die recht schnell wachsenden Zähne abzunutzen. Degus können ein Leben lang ohne Wasser bei Zimmertemperaturen gehalten werden, wenn sie ausreichend Frischfutter bekommen. Gerade bei säugenden Weibchen rate ich allerdings dazu, doch eine Nippeltränke nagesicher zu installieren.

Die Zucht von Degus ist einfach. Bei guten Haltungsbedingungen können das ganze Jahr über Junge geboren werden, häufig stimmen die Degu-Weibchen aber ihren Zyklus ab, bekommen die Jungen dann inner-

halb weniger Tage und bilden einen „Kindergarten". Die mehrere Stunden dauernden Paarungen sind von allerlei Träller-Lauten und Quieken der Tiere begleitet und fallen daher auf. Die Tragzeit beträgt etwa 90 Tage, danach gebiert das Weibchen ein bis zehn weit entwickelte Junge, die schon bei der Geburt, spätestens aber am zweiten bis dritten Lebenstag die Augen öffnen und bald auch feste Nahrung zu sich nehmen. Nach vier Wochen sind die Jungen normalerweise völlig selbstständig, schon mit drei bis fünf Monaten erreichen sie die Geschlechtsreife.

Die Schwanzhaut von Degus kann leicht abreißen, daher sollten die Tiere nicht am Schwanz hochgehoben werden. Es gibt spezielle Bücher über die Haltung von Degus (s. „Literatur").

## Cururo (*Spalacopus cyanus*)

Der aus dem zentralen Chile stammende Cururo ist die zweite Art meerschweinchenverwandter Nager, die regelmäßig gehalten wird. Diese schwarz bis dunkelbraun gefärbten Tiere erreichen eine Körpergröße von 7–12 cm, der kurz wirkende Schwanz misst lediglich etwa 5 cm. Am auffälligsten sind neben der Farbe des Tiers die auch bei geschlossenem Maul hervorstehenden, gelben Nagezähne und der große Kopf. Die etwa 100 g schweren Cururos leben in ihrer Heimat in verschiedensten Habitaten, von feuchten Flussufern auf Meeresspiegelniveau bis zu halbwüstenartigen Berghängen der Anden in 3.000 m Höhe. Die in sozialen Kolonien lebenden Nager bauen groß angelegte Tunnelsysteme, die

Degu
(*Octodon degus*)

Typisch für Cururos sind die gelben Schneidezähne.
Foto: Michael Mettler

Cururo-Weibchen mit Nachwuchs   Foto: Michael Mettler

sich meist nur 10–15 cm unter der Oberfläche befinden, mehrere Hundert Öffnungen haben können und mit Urin markiert werden. Auch wenn Cururos hauptsächlich tagaktiv sind, wird man sie in freier Natur nur in Ausnahmefällen zu Gesicht bekommen, da sie fast nie ihre unterirdischen Baue verlassen. Die nomadisch lebenden Kolonien aus etwa einem Dutzend Cururos graben sich an immer neue Futterpflanzen heran und fressen in freier Natur vor allem die Zwiebeln eines Liliengewächs (*Leucoryne ixiodes*), nehmen aber auch allerlei andere Wurzeln und Knollen, jedoch nie pures Wasser auf. Cururos werden deutlich über fünf Jahre alt.

Die Haltung dieser „Wühlmäuse Chiles" ist interessant und recht unkompliziert. Am besten werden die Tiere in großen ausgedienten Aquarien (mindestens 100 x 50 x 60 cm für ein Paar) untergebracht, da ein Bodengrund von 20–30 cm Höhe eingefüllt werden muss. Dieser besteht aus im Sandwich-Verfahren übereinander gefüllten Schichten aus Hobelspänen, Heu und Stroh, Weiden- und Haselnusszweigen und -ästen sowie Blättern. Besonders die Zweige sind wichtig, damit das Konstrukt etwas Stabilität erhält; außerdem werden die Äste gerne zernagt und müssen daher regelmäßig ersetzt werden! Die Einstreu sollte nicht zu häufig gewechselt werden, da dies Stressreaktionen bei den Tieren auslöst; ein teilweiser Austausch im Abstand von einigen Wochen hat sich daher bewährt. Durch die Vorderscheibe beobachtend erhält der Pfleger einen guten Einblick in das unterirdische Leben der Cururos, die im Terrarium häufiger auch einmal an die Oberfläche kommen, um beispielsweise Fut-

Cururo (*Spalacopus cyanus*)

ter aufzunehmen. Ein gesondertes Versteck ist bei einer derartigen Haltung im Allgemeinen nicht nötig, es können aber Hohlziegel, Holzhäuschen für Vögel oder PVC-Rohre auf dem Glasboden der Terrariums platziert werden. Cururos lassen sich in Familiengruppen – auch mit mehreren Männchen – halten. Trotz ihrer doch geringen Größe können diese Tiere beim Nagen einen erstaunlichen Geräuschpegel entwickeln. Zu große Feuchtigkeit oder Trockenheit können bei den Tieren zu kahlen Stellen im Fell führen. Die Tiere können bei Zimmertemperatur gehalten werden.

Das Futter für die stimmfreudigen Cururos wird einfach auf die Oberfläche des Schichtbodengrunds gegeben. Dazu eignen sich vor allem ausreichende Mengen von Möhren, Steckrüben, Kartoffeln und anderem Gemüse sowie Äpfel, Gras und Wildkräuter. Auch Zwiebeln werden häufig angenommen. Heu sollte immer in größeren Mengen zur Verfügung stehen. Entgegen ihrer natürlichen Ernährungsweise fressen die Tiere in Menschenhand auch Körnerfutter (Meerschweinchen- oder Degufutter).

Die Zucht der meerschweinchenverwandten Nager ist nicht immer einfach, da nicht alle Paare zu harmonieren scheinen. Größte Erfolgsaussichten hat häufig ein Zuchtansatz von Tieren, die aus einer sich regelmäßig fortpflanzenden Cururo-Gruppe stammen. Nach der Paarung dauert es noch etwa vier Monate, bis die ein bis vier sehr weit entwickelten jungen Cururos geboren werden. Die Jungtiere nehmen schon nach wenigen Tagen feste Nahrung an. Es können zwei Würfe pro Jahr großgezogen werden, die meisten Geburten wurden von Juni bis August registriert.

## Rüsselspringer (Macroscelidea)

**Kurzohr-Rüsselspringer (*Macroscelides proboscideus*)**
Als einzige Art der Rüsselspringer wird der Kurzohr-Rüsselspringer häufiger gepflegt. Die putzigen Tiere stammen aus Namibia, der Kap-Provinz Südafrikas sowie SW-Botswana und sind Bewohner der dornbuschbewachsenen Wüsten und Halbwüsten; sie leben dort auf Sand und Geröll. Mit etwa 10 cm Körperlänge (plus ca. 12 cm Schwanz) ist dies der kleinste Vertreter der Rüsselspringer. Auffällig sind die ungelenk wirkenden, langen Hinterbeine, mit denen die Tiere erstaunliche Geschwindigkeiten erreichen können, sowie die bewegliche, ständig vibrierende Rüsselnase und die großen, runden Ohren. Die einzelgängerischen Tiere sind sowohl tags als auch nachts aktiv, wobei die nächtlichen Aktivitätsphasen eine größere Zeitspanne in Anspruch nehmen. Unterschlüpfe finden die Tiere vor allem unter Steinen oder in verlassenen Bauen anderer Kleinsäuger, Nistmaterial wird nicht eingetragen. Rüsselspringer bilden Wechsel, also regelmäßig belaufene Strecken zu den Jagdgebieten, die – wie auch das Nest – sauber gehalten werden. In freier Natur bilden Insekten die Hauptnahrung, die Rüsselspringer fressen aber auch fetthaltige Samen und selten pflanzliche Nahrung. Sie werden in der Natur nur ein bis anderthalb Jahre alt, in menschlicher Obhut erreichten Tiere aber schon über vier bis fünf Jahre.

Kurzohr-Rüsselspringer sind – entgegen anderslautenden älteren Beschreibungen – nicht heikel in der Haltung. Das Terrarium sollte für ein Tier 80 x 50 x 50 cm messen, wobei es am besten erscheint, ein Terrarium doppelter Größe mit herausnehmbarer Trennwand zu bauen. In einem größeren Terrarium ist die Haltung eines Pärchens nämlich durchaus möglich. Sollte es aber doch – z. B. während der Säugezeit – zu Streitereien kommen, können die Tiere mit der Trennwand separiert werden. Als Bodengrund eignet sich Sand, der regelmäßig durchsiebt werden sollte, um die völlig trockenen Ausscheidungen der Tiere herauszubekommen und den Tieren ein sauberes Sandbad zu ermöglichen. Als Einrichtung sind kleine Steinaufbauten oder Rindenstücke gut geeignet; auch trockene Äste oder Wurzeln wirken optisch gut und werden gerne als Versteckmöglichkeiten angenommen. Tonblumentöpfe, mit einem Eingang versehen, werden ebenfalls häufig als Versteck angenommen. Übrigens ist auch eine Bepflanzung des Beckens mit sukkulenten Trockenpflanzen (z. B. Aloe) oder Trockengras-Soden möglich, allerdings werden manche Pflanzen angeknabbert. Ein wichtiger Bestandteil des Terrariums für Kurzohr-Rüsselspringer sind eine gute Beleuchtung (am besten Tageslicht-Neonröhren) und eine Wärmelampe (Halogenstrahler oder Elsteinstrahler), die in einem ausreichenden Sicherheitsabstand montiert sind. Unter dem Wärmestrahler sollten einige Steine so positioniert sein, dass die Bewohner des Beckens sich darauf gut „sonnen" können – diese Möglichkeit wird von den Rüsselspringern gern angenommen, sodass man sie am Tage häufig beim „Sonnenbad" beobachten kann. Die Tagestemperaturen im Terrarium sollten tagsüber 20–24 °C (lokal bis 30 °C) betragen und können nachts auf 18–20 °C sinken.

Die Fütterung der Kurzohr-Rüsselspringer ist wenig problematisch und sollte in den Abendstunden stattfinden. Angeboten werden hauptsächlich lebende Insekten (Heimchen, Grillen, Mehlwürmer, *Zophobas*-Larven), die von meinen Tieren stets begierig aufgenommen wurden. Manche Halter reichen zudem Katzenfeuchtfutter oder gehacktes Rinderherz, das mit getrockneten Insekten gemischt werden kann. Nicht alle Tiere nehmen diese Ersatznahrung allerdings an. Zusätzlich wird täglich etwas „Grünzeug" angeboten, das klein geschnitten oder gerieben werden sollte. Es eignen sich Salat, Möhre, Gurke, Paprika sowie Apfel, Banane, Kiwi, Weintraube). Bei mir wurde

besonders gern klein geschnittener Löwenzahn gefressen. Ein- bis zweimal in der Woche sollte den Tieren zudem eine Sämereien-Mischung (z. B. Papageien-Futter) angeboten werden. Insgesamt sind Rüsselspringer sehr genügsame Fresser.

Rüsselspringer werden inzwischen regelmäßig nachgezogen. Die Paarungen finden normalerweise in der Nacht statt und kündigen sich dadurch an, dass Männchen und Weibchen häufiger nah zusammenliegen und im selben Versteck ruhen. Nach der Paarung verlässt das Weibchen das Männchen. Wird es weiterhin vom Männchen getrieben, so sollten die Tiere getrennt werden, um den Stress für das Weibchen zu minimieren. Nach 60-tägiger Tragzeit werden meist zwei weit entwickelte Junge geboren; schon mit 25 Tagen können sie von der Mutter getrennt werden. Die Geschlechtsreife tritt nach etwa einem halben Jahr ein. Es wird berichtet, dass die Trennung der Geschlechter während der Trächtigkeit und des Säugens den Zuchterfolg vergrößert.

Kurzohr-Rüsselspringer sind sehr interessante Pfleglinge, deren Haltung viel Spaß macht. Allerdings besteht die Gefahr, dass durch Inzucht der Genpool der Tiere verkleinert wird. Daher sollten möglichst häufig unverwandte Tiere miteinander verpaart werden.

Kurzohr-Rüsselspringer (*Macroscelides proboscideus*)

# ADRESSEN

## ÄMTER

### BUNDESAMT FÜR NATURSCHUTZ (BFN)

Konstantinstr. 110, D-53179 Bonn
Telefon (0228) 8491-0, Fax (0228) 8491-200
Internet: www.bfn.de
Für Artenschutz-Fragen: www.wisia.de
Die für Sie zuständige Behörde in Sachen Arten-
schutz (meist Untere Landschaftsbehörde) finden
Sie in Ihrer Kreis- oder Stadtverwaltung bzw. im
Regierungspräsidium.

### BUNDESMINISTERIUM FÜR VERBRAUCHERSCHUTZ, ERNÄHRUNG UND LANDWIRTSCHAFT (BMVEL, VORMALS BMELF)

Referat Tierschutz
Postfach 14 02 70, D-53107 Bonn
Telefon: 0228/529-0 oder 01888/529-0
Fax: 0228/ 529-4262 oder 01888/529-4262
Internet: www.verbraucherministerium.de
Das BMVEL verschickt kostenlos das „Gutachten
über Mindestanforderungen an die Haltung von
Säugetieren" sowie das Tierschutzgesetz.

## VEREINIGUNGEN

### BUNDESARBEITSGRUPPE (BAG) KLEINSÄUGER E.V.

c/o Uwe Wurlitzer, Schulzoo Binzer Straße, Binzer
Str. 14, D-04207 Leipzig
Internet: www.bag-kleinsaeuger.de
          Herausgeber der „BAG Mitteilungen"

### VEREIN FÜR NAGETIERE UND KLEINSÄUGER (VNK)

c/o Detlev Warmbier, Gladbecker Str. 286, D-46240
Bottrop
Internet: www.nagetier-vnk.de

### DEUTSCHE GESELLSCHAFT FÜR SÄUGETIERKUNDE

c/o Prof. Dr. Günther B. Hartl, Institut für Haus-
tierkunde, Christian-Albrecht-Universität zu Kiel,
Olshausenstr. 40-60, D-24113 Kiel
Internet: www.uni-kiel.de/ifh/dgs
Herausgeber der „Mammalian Biology" (s. u.)

## ZEITSCHRIFTEN

### RODENTIA

Kleinsäuger-Fachmagazin für domestizierte Arten
und Wildformen.
Natur und Tier - Verlag, An der Kleimannbrücke
39/41, D-48157 Münster
Telefon: 0251/13339-0, Fax: 0251/13339-33
E-Mail: verlag@ms-verlag.de
Internet: www.ms-verlag.de

### MAMMALIAN BIOLOGY – ZEITSCHRIFT FÜR SÄUGETIERKUNDE

Wissenschaftliche Zeitschrift für alle Säugetiere
(auch Großsäuger).
Urban & Fischer Verlag, Niederlassung Jena, Postfach 10 05 37, D-07705 Jena
Internet: www.urbanfischer.de/journals/mammbiol

Mittags-Rennmaus
(*Meriones meridianus meridianus*)
Foto: Klaus Rudloff

# DANKSAGUNG

Ich möchte allen danken, die an der Verwirklichung und Vervollständigung dieses Buches beteiligt waren. Großer Dank geht dabei natürlich an meine Lektoren Kriton Kunz und Heiko Werning sowie an Graphiker Nick Nadolny, der hervorragende Arbeit bei der Gestaltung des Buches leistete. Aber auch dem restlichen Team des Natur und Tier - Verlags sei gedankt, denn ohne sie alle wäre das Buch sicherlich nicht in der Form erschienen, wie es nun der Fall ist.

Außerdem danke ich natürlich den vielen Kleinsäuger-Haltern, die mich mit weiteren Informationen unterstützten oder Fotos beisteuerten, sodass dieses Buch nicht nur meine eigenen, sondern die Erfahrungen vieler weiterer Halter widerspiegeln kann. Besonders großen Dank bin ich in diesem Zusammenhang Klaus Rudloff vom Tierpark Berlin-Friedrichsfelde schuldig, der mir mit vielen Daten und Erfahrungen sowie Fotos sehr viel weiterhalf, mir immer für Fragen bereitstand und letztendlich das Buch auch noch einmal einer kritischen Durchsicht unterzog. Zudem geht ein großer Dank an Iris Küster, die ebenfalls das gesamte Manuskript gegenlas. Danke auch an die Fachleute, die einzelne Kapitel einer genauen Durchsicht unterzogen: Prof. Dr. Michael Fehr (Gesunderhaltung), Sandra Honigs (Trugratten), Christian Neumann (Beuteltiere), Detlef Richter (Nager) und David Kupitz (Insektenfresser).

Der größte Dank gilt aber meiner Frau Christina, die seit Jahren nicht nur mich, sondern auch Heerscharen an Nagern, Insektenfressern und Kleincarnivoren erträgt.

Fettschwanz-Rennmaus (*Pachyuromys duprasi*)

# LITERATUR

ALDERTON, D. (1996/1999): Rodents of the World. – Blandford, London

ANONYMUS (2000): Naturschutzrecht, 8.Aufl.. (Beck-Texte im DTV). – Deutscher Taschenbuchverlag, München

BARNARD, S.M. (1995): Bats in captivity. – Springville, California

BEERBALK, H.-D. (1998): Einige Bemerkungen zur Haltung von Cururos (*Spalacopus lanigera*). – Mitt. d. BAG Kleins. 6(3): 11-13

BMELF (BUNDESMINISTERIUM FÜR ERNÄHRUNG, LANDWIRTSCHAFT UND FORSTEN) (1996): Gutachten über Mindestanforderungen an die Haltung von Säugetieren. – BMELF, Referat Tierschutz, Bonn

BÖHME, F. & P. KNEISEL (2001): Gemeinsam sind sie stark – Hebammen bei Stachelmäusen. – RODENTIA 1(1): 58-60

BOSCH, H. (1992): Kurzohr-Rüsselspringer (*Macroscelides proboscideus*). – Löbbecke Museum + Aquazoo 92: 55-60

BRÜGGEMANN, C. (2000): Abwanderungsverhalten von Erdhörnchen und andere wichtige Daten für die Zucht. – Mitt. d. BAG Kleins. 8(3): 3-4

- (2001A): Artenschutz in Deutschland. – RODENTIA 1(2): 9-10

- (2001B): Der Langohrigel (*Hemiechinus auritus aegyptiacus*). – RODENTIA 1(2): 39-42

BRZEZINA, H. (2001): Ein Heim für die Renner – Die perfekte Käfigeinrichtung für Rennmäuse. – RODENTIA 1(2): 43-47

CAMPBELL, N. A. (1997): Biologie. – Spektrum Akademischer Verlag, Heidelberg, Berlin, Oxford

DANZL, P. (2002): Genügsame Nager –Die richtige Ernährung von Degus. – RODENTIA 2(3): 35-37

EHRLICH, C. (2001A): Wilde Meerschweinchen. – RODENTIA 1(3): 16-21

- (2001B): Zwerghamster. – RODENTIA 1(4): 16-21

- (2001C): Action-Spielplatz für Zwerghamster. – RODENTIA 1(4): 30-31

- (2002A): Der Degu (*Octodon degus*). – RODENTIA 2(1): 31-34

- (2002B): Die Vielstreifen-Grasmaus (*Lemniscomys barbarus*). – RODENTIA 2(2): 39-42

- (2002C): Die Gold-Stachelmaus (*Acomys russatus russatus*). – RODENTIA 2(4): 31-34

- (2002D): Haltung und Zucht von insektenfressenden Kleinsäugern: Igel, Tanreks, Gürteltiere. – Mitt. d. BAG Kleins. 10(1): 5-7

FLANNERY, T. F. (1994): Possums of the World. – Geo-Produktions, Chatswood

V. FRISCH, O. (1998): Streifenhörnchen. 10. Auflage. – Gräfe und Unzer Verlag, München

GARBUTT, N.(1999): Mammals of Madagascar. – Yale University Press, New Haven and London

GEHRSITZ, S (2001): Degus und ihre Verwandten. – RODENTIA 1(1): 61-63

GOLLMANN, B. & G. GASSNER (2001): Sugar Gliders – Kurzkopfgleiter. – Verlag Eugen Ulmer, Stuttgart

GOULD, E. & EISENBERG, J. F. (1966): Notes on the biology of the Tenrecidae. – J. Mamm. 47 (4): 660-686

HALTENORTH, T. & H. DILLER (1977): Säugetiere Afrikas und Madagaskars. – BLV Verlagsgesellschaft, München-Bern-Wien

HARTSON, T. (1999): Squirrels of the West. – Lone Pine Publishing, Renton

HEINEMANN, D. (2000 ex 1979/80): Anpassung, Vernichtung, Erhaltung. *In*: Grzimeks Tierleben, Bd. 10. – Weltbild Verlag, Augsburg

- (2000 ex1979/80): Die Meerschweinchenverwandten. *In*: Grzimeks Tierleben, Bd. 11. – Weltbild-Verlag, Augburg

HENWOOD, C. (1996): Step-by-Step Book about Dwarf Hamsters. – t. f. h. Publications, Neptune City

HERTER, K. (1963): Untersuchungen an lebenden Borstenigeln (Tenrecinae). 2. Über das Verhalten und die Lebensweise des Igeltanreks *Echinops telfairi* MARTIN in Gefangenschaft. – Zool. Beiträge (N.F.) 8 (1): 125-165

HERTING, M. (2001): Die Persische Rennmaus – Haltung und Zucht von *Meriones persicus*. – RODENTIA 1(1): 64-65

HOHOFF, C. (2001): Biologie und Verhalten wilder Meerschweinchen. – RODENTIA 1(3): 26-29

HONEGGER, R. E. & NOTH, W. (1966): Beobachtungen bei der Aufzucht von Igeltanreks *Echinops telfairi* MARTIN. – Zool. Beiträge (N.F.) 12 (2): 191-218

ILCHENKO, O. (2000): Haltung und Zucht von einigen asiatischen Rennmäusen. – Mitt. d. BAG Kleins. 8(2): 8-9

JORDAN, B. (2001): Die Haltung wilder Meerschweinchen. – RODENTIA 1(3): 22-25

KAISER, S. & N. SACHSER (1998): The social environment during pregnancy and lactation affects the female offsprings' endocrine status and behaviour in guinea pigs. – Physiology & Behavior 63: 361-366

KERLE, A. (2001): Possums – the brushtails, ringtails and greater gliders. – UNSW Press, Sydney

KERLEY, G.I.H. (1995): The Round-eared Elephant Shrew *Macroscelides proboscideus* (Macroscelidea) as an omnivore. – Mammal Rev. 25 (1/2): 39-44

KERN, C. (1998): Bemerkungen zur Haltung und Zucht der Afrikanischen Zwergmaus. – Mitt. BAG Kleins. 6(2): 10-11

- (2000A): Kowari und Braune Hüpfmaus: Die Haltung zweier bedrohter Kleinsäuger der australischen Wüste im Schulzoo Leipzig. – Mitt. d. BAG Kleins. 8(2): 3-5

- (2000B): Einige Aspekte zur Zucht von Goldstachelmäusen im Schulzoo Leipzig. – Mitt. d. BAG Kleins. 8(3): 6

- (2001A): Der Zoo der Kleinsäuger. – RODENTIA 1 (1): 66-69

- (2001B): Tierbestands- und Nachzuchtliste Bundesarbeitsgruppe Kleinsäuger 2000. – Mitt. d. BAG Kleinsäuger 1/2001 9(1): 13-24

KINGDON, J. (1997): African Mammals. – Academic Press, San Diego

KÖTTER, E. (2002): Rennmäuse – glücklich & gesund. – Gräfe und Unzer Verlag, München

KUPITZ, D. (2000): Anmerkungen zum Kleinen Igeltanrek. – Mitt. d. BAG Kleins. 8(3): 8-11

KÜSTER, A. (2002): Meerschweinchen-Euthanasie. – RODENTIA 2 (5): 55

LANZEWIZKI, T. (2001): Die Kleinsäugerfauna Costa Ricas. – RODENTIA 2 (1): 34-38

LEWEJOHANN, L. (2001): Was für ein Haus will die Maus? – Verhaltensforschung für bessere Haltungsbedingungen. – RODENTIA 1(1): 73-75

LISS, D. (2001): Der kleinste Hamster der Welt – Haltung und Zucht von Roborowski-Zwerghamstern. – RODENTIA 1(4): 27-29

LÖLFING, H. (2002): Afrikanische Zwergschläfer. – RODENTIA 2(3): 44-48

METTLER, M. (1991): Alles über Streifenhörnchen. – Falken Verlag, Niedernhausen/Ts.

METTLER, M. (1995): Alles über Zwerg- und Goldhamster. – Falken Verlag, Niedernhausen

METTLER, M (1997): Alles über Chinchillas und Degus. – Falken Verlag, Niedernhausen/Ts.

NOWAK, R. M. (1999): Walker´s Mammals of the World - Volume 1/2. – John Hopkins University Press, Baltimore/London

NIEDIEKER, M. C. 82001): Lass´ die Sugar Glider raus. – RODENTIA 1(3): 46-49

PFLUMM, W. (1989): Biologie der Säugetiere. – Parey, Berlin, Hamburg

PIECHOCKI, R. (1980/2000): Die Mäuseverwandten. *In*: Grzimeks Tierleben, Bd. 11. – Weltbild-Verlag, Augsburg

- (2001): Die Zwergmaus (Neue Brehm-Bücherei Bd. 222). – Westarp Wissenschaften, Hohenwarsleben

PODUSCHKA, W. (1974): Augendrüsensekretionen bei den Tenreciden *Setifer setosus* (FRORIEP 1806), *Echinops telfairi* (MARTIN 1838), *Microgale dobsoni* (THOMAS 1918) und *Microgale talazaci* (THOMAS 1918). – Zeitschrift für Tierpsychologie **35** (3): 303–319

RATHBUN, G. B. (1979): The Social Structure and Ecology of Elephant Shrews. – Z. Tierpsychol. Suppl. 20: 1-77

RAUTH-WIDMANN, B. (1999): Ratten, Mäuse und Rennmäuse als Heimtiere. – Oertel & Spörer, Reutlingen

REDFORD, K. H. & EISENBERG, J. F. (1992): Mammals of the neotropics (2$^{nd}$ edn.). – The University of Chicago Press, Chicago, Illinois

REICHHOLF, J. H. (1997): Die Säugetiere: Ursprung, Bau und Leistungen – Entstehungsgeschichte – Ökoevolution. *In*: Brockhaus: Grzimeks Enzyklopädie Säugetiere, Bd. 1. – F. A. Brockhaus Verlag, Leipzig/Mannheim

RICHTER, D. (2001): Drei mal Zwerghamster. – RODENTIA 1(4): 22-26

ROOD, J. P. (1972): Ecological and behavioural comparison of three genera of argentine cavies. – Anim Behav Monographs 5:1-83

Ross, P. D. (1995): *Phodopus campbelli.* – Mamm. Species, No. 503

Rössel, D. (2001): Kleintiere in der Mietwohnung – Auch ein rechtliches Problem. – RODENTIA 1(1): 11

Roth, A. (2002): Mäuse- glücklich & gesund. – Gräfe und Unzer Verlag, München

Rudloff, K. (1998): Betrachtungen zur Systematik und Haltung von Insektenfressern und Rüsselspringern. – Mitt. d. BAG Kleins. 6(1): 4-7

- (1998b): Das Tierportrait: Nil-Grasratte. – Mitt. d. BAG Kleins. 6(2): 14

- (2000): Das Tierportrait: Grauer Steppenlemming. – Mitt. d. BAG Kleins. 9(3): 4

- (2001a): Das Tierportrait: Türkei-Stachelmaus. – Mitt. d. BAG Kleins. 9(1): 7

- (2001b): Das Tierportrait: Europäisches Ziesel. – Mitt. d. BAG Kleins. 9(3): 6

- (2001c): Das Tierportrait: Mongolischer Zwerghamster. – Mitt. d. BAG Kleins. 9(3): 16

Runge, M. (1999): Meine Erfahrungen bei der Haltung und Zucht der Hausspitzmaus-Beutelratte. – Mitt. d. BAG Kleins. 7(1): 3-4

Sauer, E. G. F. (1973): Zum Sozialverhalten der Kurzohrigen Elefantenspitzmaus, *Macroscelides proboscideus.* – Z. Säugetierkunde 38: 65-97

Sauer, E. G. F. & E. M. Sauer (1972): Zur Biologie der Kurzohrigen Elefantenspitzmaus, *Macroscelides proboscideus.* – Z. Kölner Zoo 4: 119-139

Schaefer, M. (1994): Brohmer, Fauna von Deutschland, 19. Aufl. – Quelle & Meyer Verlag, Heidelberg

Schmidt, H. (1985): Hörnchen. – Albrecht Philler Verlag GmbH, Minden

Schober, W. & E. Grimmberger (1998): Die Fledermäuse Europas. 2. Aufl. – Franckh-Kosmos, Stuttgart

Smithers R. H. N. (1983): The Mammals of the Southern African Subregion. – University of Pretoria, Pretoria

Solmsdorff, K., C. Hohoff & N. Sachser (2000): A new species of South American rodents. – Zoology 103, Supplement III (DZG 93.1): 105

Sporon, A. (1995): Unser Degu. – Frankh-Kosmos, Stuttgart

Stahnke, A. & Hendrichs, H.(1997): Trugrattenartige. In: Grzimeks Enzyklopädie Säugetiere, Bd. 3: Nagetiere und Raubtiere. – F.A. Brockhaus Verlag, Leipzig/Mannheim

Steinbach, G., K. Richarz & M. Barataud (2000): Geheimnisvolle Fledermäuse. – Franckh-Kosmos, Stuttgart

Szalay, F. S. (1994): Evolutionary history of the marsupials and an analysis of osteological characters. – Cambridge University Press, Cambridge

Thenius, E. (2000 *ex* 1979/80): Stammesgeschichte der Säugetiere. *In*: Grzimeks Tierleben, Bd. 10. – Weltbild Verlag, Augsburg

Unger R. (1999): Verhalten, Aktivität und Ernährung von Kurzohr-Rüsselspringern, *Macroscelides proboscideus*, Smith 1829 (Macroscelididae) im Tiergarten Schönbrunn. – Diplomarbeit, Universität Wien

Unger R. & D. Schratter (2000): Nahrungspräferenzen von Kurzohr-Rüsselspringern, *Macroscelides proboscideus* (Shaw, 1800) im Tiergarten Schönbrunn. – Zool. Garten N. F. 70: 60-69

Unger, R. (2001): Der um die Ecke schnüffelt – Biologie, Haltung und Pflege von Kurzohr-Rüsselspringern. – RODENTIA 1(4): 57-61

Vakhrusheva G. & V. Kostenko (2000): Fortpflanzungsverhalten der Kurzohr-Rüsselspringer. – Mitt. d. BAG Kleinsäuger, Berlin (8)2: 5-8

Vanderlip, S. (1999): Dwarf Hamsters. Barrons Educational Series, New York

Wehner, R. & W. Gehring (1995): Zoologie. 23. Aufl. – Thieme Verlag, Stuttgart, New York

Wilson, D. E. & D. M. Reeder (1993): Mammal Species of the World: A Taxonomic and Geographic Reference, 2. Aufl. – Smithsonian Institution Press, Washington & London

Woods, C. A. (1984): Hystricognath rodents. *In*: Orders and families of Recent mammals of the world. – John Wiley & Sons, New York

Wrombel, D. (1997): The Hedgehog. – Howell Book House, New York

NTV

# RODENTIA

## KLEINSÄUGER-FACHMAGAZIN

Auf 64 Seiten werden die unterschiedlichsten Aspekte zum Thema Kleinsäuger behandelt. Reich bebildert und mit fundierten Beiträgen namhafter Autoren gespickt, erscheint RODENTIA seit Mai 2001 alle zwei Monate. Zu beziehen im Fachhandel oder direkt beim Verlag.

**Preis: 5,– € pro Ausgabe • Abonnement nur 25,50 € • Auslandsabo 33,20 €**

**Fordern Sie unseren kostenfreien Gesamtprospekt an!**


**Natur und Tier - Verlag GmbH**
An der Kleimannbrücke 39/41
48157 Münster
Telefon: 0251-13339-0
Telefax: 0251-13339-33
E-mail: verlag@ms-verlag.de
Home: www.ms-verlag.de


NTV Meerwasseraquaristik • NTV Terraristik • NTV Kleinsäuger • NTV Reise • NTV Garten

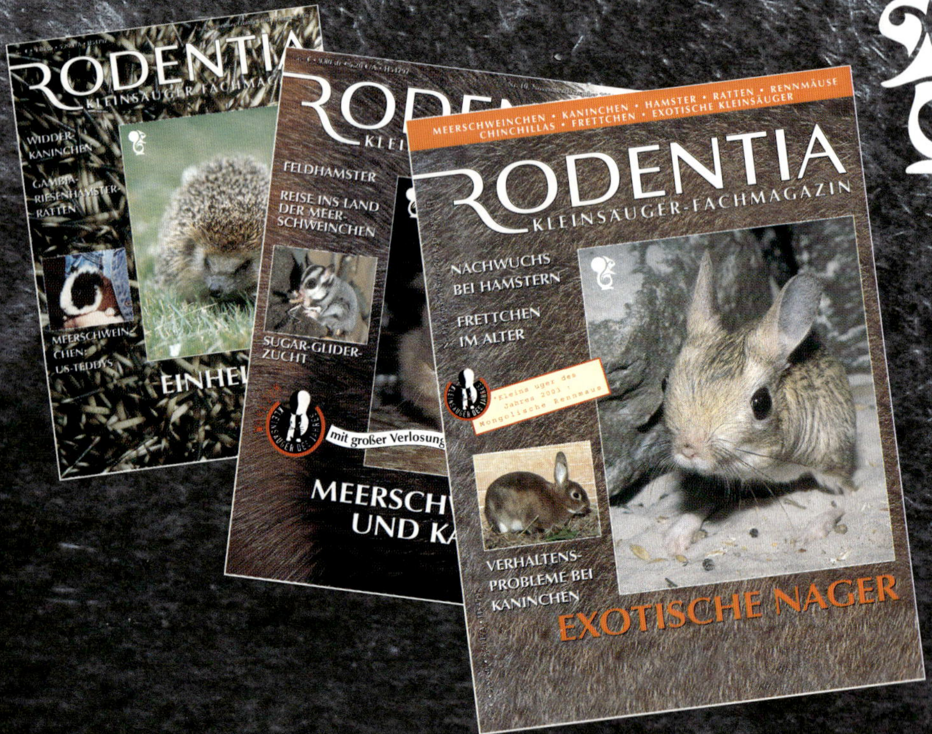

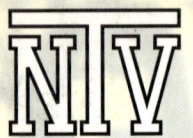

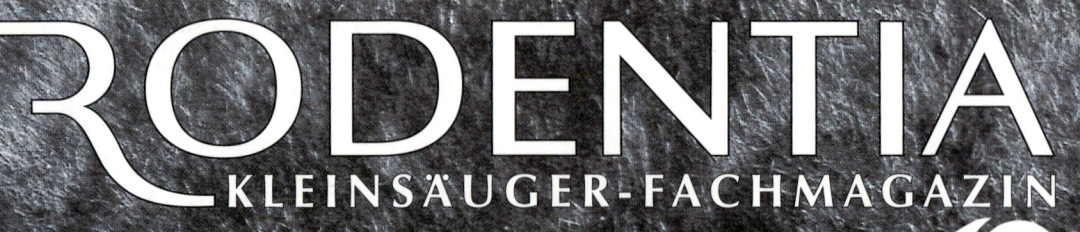

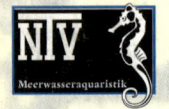

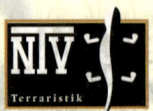

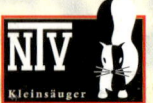

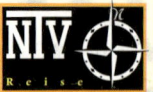

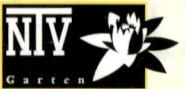